- SPOON
  ~~Henry~~ - George V
  Champs-Elysee

ZU FUSS IN
PARIS

- Brasserie bœf sur le toi
- L'Avenue, Rue Montaigne
  Erdgeschoss
- HAFFA;

Marché de Saint Germain
Boulevard Brich

Wilhem Heyne Verlag

ZU FUSS IN
PARIS

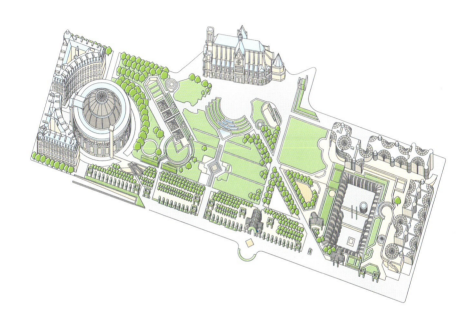

Fiona Duncan
Leo Glass

Wilhem Heyne Verlag

Herausgeber: Fiona Duncan, Leonie Glass
Herstellung: Nicola Davies
Art Director: Mel Petersen
Design: Christopher Foley
Fotografien: Mel und Fiona Petersen
Karten: Andrew Green: Seite 18-27, 52-103;
Eugene Fleury: Seite 14-17, 28-51, 104-127

1. Auflage 2001
© für die deutschsprachige Ausgabe
Wilhelm Heyne Verlag, München
Titel der englischen Ausgabe
»On Foot Guide: Paris«
© Fiona Duncan and Leonie Glass
© Duncan Petersen Publishing Ltd., 2000

Das Werk, einschließlich aller seiner Teile, ist urheberrechtlich geschützt. Jede Verwertung außerhalb der engen Grenzen des Urheberrechtsgesetzes ist ohne Zustimmung des Verlags unzulässig und strafbar. Das gilt insbesondere für Vervielfältigungen, Übersetzungen, Mikroverfilmung und die Einspeicherung und Verarbeitung in elektronischen Systemen.

Projektleitung: Dr. Alex Klubertanz
Redaktion: Christine Gangl
Übersetzung: Mary Thürmer
Umschlaggestaltung: Hauptmann und Kampa, CH-Zug
Satz: Matthias Liesendahl
Druck: Delo – Tiskarna, Slowenien

ISBN 3-453-18512-9

INHALT

Paris zu Fuß	6
Zu diesem Buch	8
Orientierungskarte	8
Welche Zeit für welchen Weg?	9–10
Öffentliche Verkehrsmittel	11–12
Touristinformation	13–15
Ein erster Eindruck	16–17
DIE ROUTEN	
KUNST UND CAFÉS: Montmartre	18–27
STUDENTEN UND REBELLEN: das Quartier Latin	28–35
AM LINKEN UFER DER SEINE: von St-Germain-des-Prés zum Musée d'Orsay	36–43
UNVERSCHÄMT SCHICK: St Germain und Luxembourg	44–51
PRACHTVOLLE GÄRTEN UND PALAIS: zu Les Invalides	52–59
IMPOSANTE KULISSE: vom Louvre zum Arc de Triomphe	60–71
KUNST UND NATUR: von den Champs-Elysées zum Parc de Monceau	72–79
SEHEN UND GESEHEN WERDEN: rund um die Grands Boulevards	80–87
KOMMERZ UND KULTUR: von der Börse zur Oper	88–95
VERGANGENHEIT UND MODERNE: vom Palais Royal nach Beaubourg	96–103
NEUE PRACHT: das Marais	104–111
STURM AUF DIE GALERIEN: Village St Paul und die Bastille	112–119
REIF FÜR DIE INSELN: Ile St Louis und Ile de la Cité	120–127

Paris zu Fuß

Kompakt, prächtig und faszinierend – Paris lässt sich perfekt zu Fuß erschließen, denn so kann man die großartige Architektur und eindrucksvolle Stadtplanung am besten kennen und schätzen lernen. Mit dem leistungsfähigen öffentlichen Nahverkehrssystem im Hintergrund – Sie sind immer in der Nähe einer Metro-Station – werden Sie ziemlich schnell merken, dass es sich ganz von selbst ergibt, von einer Sehenswürdigkeit zur nächsten zu gehen. Und der Zeitpunkt für einen Trip in die magische Seine-Metropole war nie besser: Zum neuen Jahrtausend wurden in großem Maßstab Dutzende von Museen und historisch wichtigen Bauwerken renoviert und herausgeputzt. Die Enthüllung der wieder erstandenen Opéra Garnier, die manchem vor Staunen den Atem verschlug, ist beispielhaft für den enormen Aufwand. Auch Parks und Gärten wurden nicht vergessen: Durch ein gewaltiges Bepflanzungsprogramm entstanden überall in der Stadt grüne Oasen: Das Resultat sind stolze 3075 Hektar öffentliche Grünflächen und 6 000 000 Bäume.

Die Wurzeln von Paris liegen im Herzen der Stadt, auf der Ile de la Cité. Hier hatten Gallier vom Stamm der Parisii eine Festung errichtet. Als die Römer kamen, blühte Lutetia auf; auf der Insel entstand der Palast des Kommandanten, am linken Seine-Ufer Stadion und Forum. Heute führt eine Ringstraße, der *périphérique*, um die Stadt herum, innerhalb derer die 20 *arrondissements* (Bezirke) liegen, die spiralförmig vom Zentrum nach außen angelegt sind. Jeder Bezirk ist auf seine Art typisch und unverwechselbar, ebenso wie die *quartiers* (Stadtviertel) – Montmartre, St Germain, Montparnasse, das Quartier Latin und so weiter –, die innerhalb eines Bezirks liegen oder auch dessen Grenzen überschreiten. Mitten hindurch fließt die Seine; ihre rechte Uferseite – in Fließrichtung gesehen ist die Rive Droite, ihre linke die Rive Gauche.

Die Herstellung der Karten

Die Karten in diesem Buch basieren auf speziellen Fotografien, die aus einem Hubschrauber aus rund 500 Meter Höhe und mit einem Kamerawinkel von 45° aufgenommen wurden. Um die Gebäude möglichst detailgetreu wiederzugeben, musste der Himmel während der Aufnahmen immer leicht bedeckt sein.
Die Negative wurden dann vergrößert und dienten einem Team von technischen Zeichnern als Vorlage für die mit Feder und Tinte gezeichneten Karten. Für dieses Buch wurde die Kartographie darüber hinaus weiterentwickelt: Die Ausschnitte wurden digital bearbeitet und koloriert.

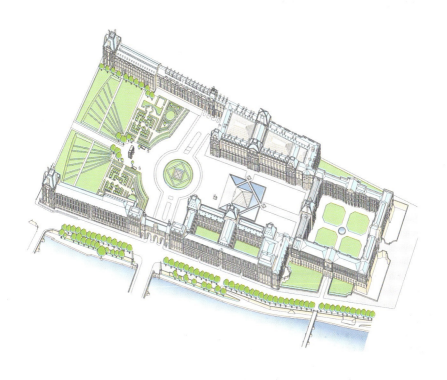

Die – maßstabgerechten – Luftbilder mit den einzelnen Wegen machen diesen Führer zu einem perfekten Begleiter Ihrer Rundgänge durch die Stadt. Straßen, Parks, Plätze und sogar einzelne Gebäude sind auf den Karten detailliert zu erkennen. Ausführliche Wegbeschreibungen sind überflüssig – es ist wirklich einfach, den Routen mithilfe der Karten zu folgen; die Ziffern verweisen auf Informationen zu interessanten Plätzen im Text. Die Wege sind so gestaltet, dass Sie alle Facetten der Stadt kennen lernen und Paris ein wenig wie ein Pariser erleben. Die Routen sind gründlich recherchiert und decken die wichtigen Bezirke und Sehenswürdigkeiten ab. Der erste Weg auf Seite 16 bis 17 vermittelt einen ersten Eindruck von den touristischen Highlights der Stadt. Die folgenden Wege beschreiben dann ausführlich ein bestimmtes Gebiet, führen zu interessanten Museen, Galerien und in versteckte Winkel und Ecken, verweisen auf historische Details und helfen Ihnen, die besten Geschäfte, Restaurants, Cafés, Märkte und Picknickplätze ausfindig zu machen. Ob Sie für einen Weg einen ganzen Tag oder nur einen Vormittag einplanen, liegt weitgehend bei Ihnen. Wenn Sie allen Routen gefolgt sind, kennen Sie Paris jedenfalls ziemlich gut.

Paris zu Fuß

ZU DIESEM BUCH
Die Wege decken ein Gebiet vom Montmartre im Norden bis zum Jardin du Luxembourg im Süden sowie vom Arc de Triomphe im Westen bis zur Bastille im Osten ab.

Zum Gebrauch der Karten
Die Wege sind auf den jeweiligen Karten gut sichtbar eingezeichnet, die Pfeile zeigen die Bewegungsrichtung an. Kästchen nennen Ihnen Ausgangs- und Endpunkt der Tour sowie die nächstgelegene Metro-Station. Die Ziffern in den Karten entsprechen jenen im Text und kennzeichnen besonders interessante Sehenswürdigkeiten. Handelt es sich hierbei um ein bestimmtes Gebäude, befindet sich die Ziffer auf dem Bauwerk selbst. Wenn aber eine Straße mehrere Sehenswürdigkeiten aufzuweisen hat, wird darauf mit einer Ziffer, die meist auf der Straße selbst platziert ist, hingewiesen. Im Text sind die Namen der entsprechenden Sehenswürdigkeiten sowie nahe gelegene Museen, Galerien, Statuen, Skulpturen, Restaurants, Cafés oder Geschäfte **fett gedruckt**. Wo es für die Routenplanung von Bedeutung sein könnte, sind die Öffnungszeiten angegeben. (Weitere Informationen zu den allgemeinen Öffnungszeiten finden Sie auf Seite 14.)

Montmartre 18-27
Von den Champs-Elysées zum Parc de Monceau 72-79
Rund um die Grands Boulevards 80-87
Von der Börse zur Oper 88-95
Vom Louvre zum Arc de Triomphe 60-71
Vom Palais Royal nach Beaubourg 96-103
Das Marais 104-111
Musée d'Orsay 36-43
Ile St-Louis und Ile de la Cité 120-127
Bastille 112-119
Les Invalides 52-59
Quartier Latin 28-35
St Germain und Luxembourg 44-51

Wege kombinieren
Alle Wege liegen relativ dicht beieinander, die Entfernungen sind – wenn nicht zu Fuß, dann mit der Metro oder dem Bus – leicht zu überbrücken. Einige der Routen lassen sich jedoch besonders gut kombinieren. **Unverschämt schick** endet bei St Sulpice, und nur ein paar Schritte die Rue St Sulpice herunter zum Odéon beginnt **Am linken Ufer der Seine**. **Reif für die Inseln** berührt an der Place St Michel **Studenten und Rebellen**. Wenn Sie nach dem **Sturm auf die Galerien** auf der Rue St Antoine bleiben und Richtung St Paul gehen, kommen Sie zum Ausgangspunkt von **Neue Pracht**, dem Weg durch das Marais. Oder Sie gehen von der Place de la Bastille den Boulevard Henri IV herunter zum Ausgangspunkt von **Reif für die Inseln**. Und ein Spaziergang die Avenue de l'Opéra hinunter – oder zwei Stationen mit der Metro – verbindet **Kommerz und Kultur** mit **Vergangenheit und Moderne**.

Einleitung

Das Wetter

Im Ferienmonat August, wenn die Pariser traditionellerweise die Stadt verlassen, kann es mit Temperaturen bis 30 °C überraschend und unangenehm heiß werden. Das Herbstwetter dagegen ist im Allgemeinen mild und warm, und der Frühling bringt klaren, blauen Himmel, kann zuweilen allerdings ziemlich kühl sein. Die Wintermonate sind gelegentlich ungemütlich kalt und feucht. Die Wettervorhersage für Paris und die Ile de France erhalten Sie unter Tel. 01 45 72 01 oder auf der Website *www.meteo.fr*.

WELCHE ZEIT FÜR WELCHEN WEG?

Die meisten Wege sind zu jeder Jahreszeit lohnend, aber einige machen bei schönem Wetter einfach mehr Spaß.

Sommerwege

Kunst und Natur: Meiden Sie an heißen Sommertagen die Champs-Elysées und machen Sie ein Picknick im angenehm kühlen Parc de Monceau.

Reif für die Inseln: Hier ist zwar in der Hochsaison mehr los, trotzdem lohnt es sich, bei schönem Wetter hinzufahren. Essen Sie in einem Straßencafé und erklimmen Sie die Türme von Notre-Dame. Sie können auch eine einstündige Bootsfahrt vom Pont Neuf zum Endpunkt der Tour anhängen.

Sehen und gesehen werden: Der schöne Garten auf dem Square Louis XVI eignet sich perfekt für ein mittägliches Picknick an einem milden Sommertag.

Prachtvolle Gärten und Palais: Es locken bezaubernde Gartenanlagen wie die des Musée Rodin mit zahlreichen großartigen Skulpturen.

Unverschämt schick: Der Sommer ist genau die richtige Jahreszeit, um in den Straßencafés von St Germain auszuspannen und den friedlichen Jardin du Luxembourg in seiner ganzen Pracht zu genießen.

Sturm auf die Galerien: Bei schönem Wetter, wenn überall vor den Galerien Keramik ausgestellt ist, wird der ganze Village St Paul zu einem großen Markt. Auch im Jachthafen Port de la Plaisance ist dann mehr los, und auf dem Fluss gibt es viele Boote zu beobachten.

Winterwege

Kunst und Cafés: Besuchen Sie Montmartre an einem sonnigen Wintertag. Klare Sicht ist unentbehrlich, wenn Sie die Aussicht in ganzer Schönheit erleben wollen.

Kommerz und Kultur: Auf dieser Route können Sie vor etwaiger Kälte und Regen in ein Netz miteinander verbundener *passages* fliehen.

Imposante Kulisse: Bei ungemütlichem Wetter können Sie sich im Louvre die Zeit vertreiben und ansonsten ein bisschen mogeln, indem Sie die Tour mit dem Bus oder der Metro absolvieren.

Am linken Ufer der Seine: Wärmen Sie sich in einem der berühmten Cafés am Boulevard St Germain mit einem heißen Kakao auf, und beenden Sie die Tour mit einem Gang durch das Musée d'Orsay.

Neue Pracht: Auf dieser Tour bieten mehrere Museen Schutz vor den Elementen.

Paris zu Fuß

Wochenendwege

Kunst und Natur: Dieser Weg ist an Wochenenden ruhiger, der Parc de Monceau bunter und die Museen sind das ganze Wochenende geöffnet.

Reif für die Inseln: Dies ist ein idealer Weg für einen Sonntag zwischen März und November, wenn die Kais für den Straßenverkehr gesperrt sind und die *bouquinistes* schwunghaft Handel treiben.

Prachtvolle Gärten und Palais: Verbinden Sie diese Tour wenn möglich mit einem Besuch des Bauernmarktes auf dem Boulevard Raspail, der nur sonntagvormittags stattfindet. Hier können Sie sich mit allen Zutaten für ein schönes Picknick eindecken oder sich gleich an Ort und Stelle den Bauch vollschlagen.

Sturm auf die Galerien: Sonntags ist das Viertel am lebendigsten.

Werktagwege

Kunst und Cafés: Montmartre ist unter der Woche etwas weniger überlaufen als an den Wochenenden. Montags ist das Museum aber geschlossen.

Kommerz und Kultur: Führungen durch die Börse werden nur Montag bis Freitag angeboten, und das während der Woche so geschäftige Viertel ist an Wochenenden wie ausgestorben.

Neue Pracht: Samstags und sonntags zieht das Marais Scharen von Besuchern an. Machen Sie diesen Weg also besser an einem Werktag, allerdings nicht montags oder dienstags, weil dann die meisten Museen geschlossen sind.

Sehen und gesehen werden: Die besten Tage für diesen Weg sind Donnerstag, Freitag und Samstag, wenn die Chapelle Expiatoire nachmittags geöffnet ist.

Studenten und Rebellen: Das echte, lebendige Quartier Latin können Sie nur während des Semesters und unter der Woche erleben.

Unverschämt schick: Dieser Weg empfiehlt sich nur werktags.

Wege mit Kindern

Die folgenden Wege machen Kindern erfahrungsgemäß besonders viel Spaß:

Kunst und Cafés: Das Musée en Herbe mit seinen innovativen Ausstellungen und kindgerechten Workshops dürfte allen Kindern gefallen. Sie dürften auch die Fahrt mit der Seilbahn und mit dem kleinen Motorzug, der Besucher rund um den Montmartre fährt, genießen.

Kommerz und Kultur: Die vielen *passages* auf diesem Weg sind auch was für Kinder. Außerdem kann ein Besuch im Musée Grévin, einem Wachsfigurenkabinett, in die Tour einbezogen werden.

Imposante Kulisse: Konzentrieren Sie sich auf den Jardin des Tuileries, einen Besuch im Museum des Palais de la Découverte und erklimmen Sie den Arc de Triomphe.

Reif für die Inseln: Kindgerechte Attraktionen dieses Weges sind die Besteigung der Türme von Notre-Dame, ein Eis bei Berthillon, der Blumen- oder sonntägliche Vogelmarkt und zum Schluss eine Bootsfahrt vom Pont Neuf aus.

Neue Pracht: Jugendliche lieben das Marais mit den vielen Museen und ausgefallenen Läden.

Studenten und Rebellen: Kinder werden von den Gobelins im Musée Cluny und von dem unheimlichen Panthéon samt Panoramablick von der Kuppel in Bann geschlagen sein. Beenden Sie die Tour mit einem Ausflug in den stimmungsvollen Jardin des Plantes mit dem Museum für Naturgeschichte und dem Zoo.

Unverschämt schick: Mit Kindern empfiehlt sich der Besuch des kinderfreundlichen Jardin du Luxembourg.

Vergangenheit und Moderne: Beim Palais Royal gibt es einen kleinen Spielplatz mit Sandkasten, und ältere Kinder fasziniert das spektakuläre Panorama vom Dach des Kaufhauses Samaritaine und das ewig junge Viertel um Les Halles und Beaubourg.

Einleitung

ÖFFENTLICHE VERKEHRSMITTEL

Der/Die RAPT (die Pariser Nahverkehrsverwaltung) betreibt ein leistungsfähiges und voll integriertes Netz von U-Bahnen, Bussen und Expresszügen in die Vorstädte. Bildschirmautomaten informieren über den schnellsten Weg zum angepeilten Ziel und stellen Ihnen die Kombination der Verkehrsmittel nach Wunsch zusammen. Geben Sie die Daten ein, und Sie erhalten alle Details über Ihre weitere Route. Unter Tel. 08 36 68 77 14 können Sie ein Band mit Infos zum öffentlichen Nahverkehr abrufen.

Die Metro

Das Pariser U-Bahn-System ist effizient, das Netz der Stationen dicht, die Zeittakte sind kurz (die Züge fahren tagsüber meist alle 90 Sekunden), die Züge im Allgemeinen sauber und bequem. Auch die Sicherheit, früher ein großes Problem, hat sich durch die Anwesenheit von Polizeistreifen in den größeren Bahnhöfen deutlich verbessert. Die Metro empfiehlt sich somit bestens für Stadtrundgänge. Oft unterhalten Straßenmusiker unterwegs die Fahrgäste, auch mit klassischer Musik oder lateinamerikanischen Rhythmen. Rauchen ist überall verboten.

Tipps für die Metro

In den Straßen weisen Schilder mit einem großen »M« in einem Kreis auf die darunter liegenden Metro-Stationen hin. Fahrkarten gibt es an Automaten oder an den Fahrkartenschaltern in den Vorhallen, sie müssen vor Betreten des Bahnsteigs entwertet werden. Die Züge fahren von etwa 5.15 Uhr (sonntags etwas später) bis 1.15 Uhr. Die Metro-Linien sind nummeriert, aber meist besser bekannt unter dem Namen eines ihrer Endbahnhöfe und/oder einer ihnen zugeordneten Farbe. Die Endbahnhöfe werden auch auf den orangefarbigen Zeichen genannt, die auf eine Umsteigemöglichkeit in eine andere Linie hinweisen *(correspondence)*. Es ist nicht schwer, sich in dem System zurechtzufinden, außerdem sind an allen Metro-Stationen und Touristeninformationen übersichtliche Karten in verschiedenen Formaten erhältlich.

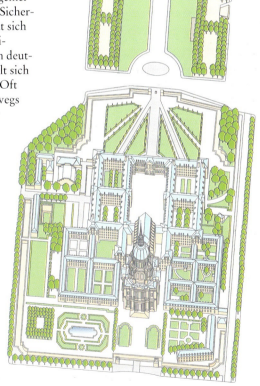

Paris zu Fuß

Fahrkarten und Fahrpreise

Die Metro-Fahrkarte berechtigt Sie, alle Strecken in Zone 1 und 2 mit der Metro oder dem RER-Zug *(Réseau Express Régional)* zu befahren, und gilt außerdem für Busse. Für Fahrten mit dem RER außerhalb des Zentrums benötigen Sie besondere Fahrscheine. Am besten fahren Sie mit einem *carnet* mit zehn Fahrscheinen. Eine Tages-, Wochen- oder Monatskarte lohnt sich nur, wenn Sie die Metro oft benutzen. Die Wochenkarte gilt für sechs Tage mit zwei Fahrten pro Tag.

Busse

Empfehlenswert sind die malerischen Routen der Linien 24, 29, 69 und 96. Montmartre hat seine eigene Buslinie, den Montmartrobus. Alle Busse verkehren Montag bis Samstag von 7.00 bis etwa 20.30 Uhr, an Sonntagen sind es nur etwa 20 Linien. Einige fahren auch nachts bis etwa 0.30 Uhr. Darüber hinaus fährt der so genannte *Noctambus,* als Signet wurde die Eule gewählt, nachts zwischen 1.30 und 5.30 Uhr von der Place du Châtelet auf zehn verschiedenen Routen. An den Haltestellen hängen Streckenkarten aus, und Busfahrpläne mit allen Abend- und Wochenendverbindungen sind in den Metro-Stationen und bei den Touristeninformationen erhältlich.

Busfahrkarten

Die Metro-Fahrkarten sind auch für Busse gültig, doch ist die Fahrt mit dem Bus teurer als mit der Metro. Reine Busfahrkarten werden auch im Bus verkauft. Alle Tickets müssen in den Automaten an den Bustüren entwertet werden.

Taxis

Theoretisch kann man ein Taxi auf der Straße anhalten, wenn das Licht an ist. In der Praxis mögen die Fahrer das nicht besonders gerne, Sie sollten deshalb zu einem Taxistand gehen. An den Taxiständen vor Bahnhöfen wird ein zusätzlicher Aufschlag verlangt. Die Fahrpreise sind zwischen 19.30 und 7.00 Uhr, an Sonntagen, gesetzlichen Feiertagen und bei Fahrten außerhalb der Stadtgrenze höher. Üblicherweise gibt man 10 bis 15 Prozent Trinkgeld. Nur wenige Fahrer akzeptieren einen Fahrgast auf dem Beifahrersitz, was den Raum pro Taxi auf drei Erwachsene beschränkt. Wenn ausnahmsweise eine vierte Person mitgenommen wird, kostet das extra. Sie können auch telefonisch ein Taxi kommen lassen: *Taxis Bleus,* Tel. 01 49 36 10 10 oder *Alpha,* Tel. 01 45 85 85 85.

In der Nähe von Bahnhöfen und Touristenattraktionen bieten oft nicht konzessionierte Taxis ihre Dienste an. Lassen Sie sich besser nicht darauf ein, denn die Preise sind happig und die Fahrer oft nicht ausreichend versichert. Wenn Sie in Eile sind und nicht auf ein konzessioniertes Taxi warten können, handeln Sie auf jeden Fall den Preis aus, bevor Sie einsteigen.

Trinkgeld

In Bars, Restaurants und Hotels sind in den Preisen bereits 15 Prozent Service und Steuern enthalten *(service compris),* weshalb Trinkgeld heutzutage in Frankreich im Allgemeinen nicht üblich ist. Wenn der Service jedoch besonders gut war, können Sie Ihrer Zufriedenheit mit einem kleinen Betrag für den Kellner Ausdruck geben. Garderobenpersonal und Portiers erhalten üblicherweise ein paar Francs Trinkgeld. Die Gepäckträger an Flughäfen und Bahnhöfen haben feste Tarife pro Gepäckstück, und Taxifahrer erwarten 10 bis 15 Prozent.

Einleitung

ALLGEMEINE INFORMATIONEN
Touristeninformationen
Das Office du Tourisme de Paris, die zentrale Touristeninformation, finden Sie in 127, avenue de Champs-Elysées, 75008, Tel. 08 36 31 12 (täglich 9–20, an Sonntagen in der Nebensaison 11–18 Uhr).
Weitere Touristeninformationsbüros:
- Eiffelturm (Mai bis September täglich 11–18 Uhr).
- Espace du Tourisme en Ile de France, Carrousel du Louvre, 99, rue de Rivoli, 75001 (Montag und Mittwoch bis Samstag 10–19 Uhr).
- Gare d'Austerlitz, Hauptankunftshalle (Mai bis Oktober Montag bis Samstag 8–22 Uhr, November bis April Montag bis Samstag 8–15 Uhr).
- Gare de l'Est, Ankunftshalle (Mai bis Oktober Montag bis Samstag 8–21 Uhr, November bis April Montag bis Samstag 8–20 Uhr).
- Gare de Lyon, Hauptausgang (Mai bis Oktober Montag bis Samstag 8–21 Uhr, November bis April Montag bis Samstag 8–20 Uhr).
- Gare Montparnasse, Ankunftshalle (Mai bis Oktober Montag bis Samstag 8–21 Uhr, November bis April Montag bis Samstag 8–20 Uhr).
- Gare du Nord, internationale Ankunftshalle (Mai bis Oktober Montag bis Samstag 8–21 Uhr, Sonntag 13–20 Uhr, November bis April Montag bis Samstag 8–20 Uhr).

Weitergehende Informationen erhalten Sie auf den Websites *www.paris-touristoffice.com* und *www.paris-ile-de-france.com*.

NÜTZLICHE TELEFONNUMMERN
Kinder
Informationen erhalten Sie im *Centre d'Information et de Documentation pour la Jeunesse* (101, quai Branly, 75015; Tel. 01 44 49 12 00).

Behinderte Besucher
Informationen sind erhältlich bei: *Comité National Français Liaison Réadaptation des Handicapés* (236B, rue Tolbiac, 75013; Tel. 01 53 80 66 66) oder bei der *Association des Paralysés de France* (17, boulevard Blanqui, 75013; Tel. 01 40 78 69 00). Ein empfehlenswerter Reiseführer ist *Tourisme pour Tout le Monde* vom Office du Tourisme. Einen Begleitservice für alle Transportmittel bietet *Les Compagnons du Voyage* an (17, quai d'Austerlitz, 75013; Tel. 01 45 83 67 77).

Stadtrundfahrten
Folgende Unternehmen bieten Stadtrundfahrten mit dem Bus an: *Les Cars Rouges* (Tel. 01 53 95 39 53), *Cityrama* (Tel. 01 44 55 61 00), *Paris L'Open Tour* (Tel. 01 41 66 56 56) und *Paris Vision* (Tel. 01 42 60 30 01). Die meisten Rundfahrten dauern etwa zwei Stunden. Bei einigen Veranstaltern können Sie die Fahrt unterbrechen. Rundgänge durch die Stadt organisieren *Caisse Nationale des Monuments Historiques* (Tel. 01 44 61 20 00), *Paris Walking Tours* (Tel. 01 48 09 21 40) und *Paris Contact* (Tel. 01 42 51 08 40). Wer Paris aus der Vogelperspektive erleben möchte, kann bei *Hélifrance* (Tel. 01 45 54 95 11) einen Hubschrauberflug buchen (ab Paris Héliport, 4, avenue de la Porte-de-Sèvres, 75015).

Paris zu Fuß

Bootstouren
Für eine Tour auf der Seine stehen zwei Bootstypen zur Auswahl: die großen, rundum verglasten *bateaux mouches* und die kleineren, gemütlicheren *vedettes*. Angeboten werden die Touren von: *Bateaux-Mouches* ab Pont de l'Alma (Tel. 01 42 25 96 10); *Bateaux Parisiens* (Tel. 01 44 11 33 44) mit einer Notre-Dame-Tour ab Porte de Montebello (nur im Sommer) und einer Eiffel-Turm-Tour ab Pont d'Iena; *Vedettes de Paris et de l'Ile de France* ab Pont d'Iéna (Tel. 01 47 05 71 29); und *Vedettes du Pont Neuf* ab Square du Vert-Galant (Tel. 01 46 33 98 38). *Batobus* (Tel. 01 44 11 33 99) betreibt einen Pendeldienst zwischen dem Eiffelturm und Notre-Dame mit Zwischenstopps u. a. am Musée d'Orsay und am Louvre. Eine Fahrt durch die Kanäle können Sie bei *Canauxrama* (Tel. 01 42 39 15 00) oder der Pariser Kanalgesellschaft (Tel. 01 42 40 96 97) buchen.

Nützliche Publikationen
Veranstaltungshinweise liefern die Stadtmagazine *Pariscope* und *L'Officiel des Spectacles,* die mittwochs erscheinen und am Zeitungskiosk erhältlich sind. Pariscope enthält jeweils einen englischen Teil, *Time Out Paris.* In vielen Hotels, bei American Express und den Touristeninformationen bekommen Sie kostenlos ein Exemplar des *Time Out Paris Free Guide,* der vierteljährlich erscheint.

Theaterkarten
Theaterkarten erhalten Sie direkt an der Theaterkasse. Oder Sie gehen zu einer Vorverkaufsstelle wie: FNAC-Geschäfte (Forum des Halles, 1, rue Pierre-Lescot, 75001; 26, avenue des Ternes, 75017; und weitere Niederlassungen überall in Paris) oder *Virgin Megastore* (52–60, avenue des Champs-Elysées, 75008). In den *Kiosque Théatre* werden am Tag der Vorstellung Restkarten zum halben Preis verkauft: an der Place de la Madelaine (Dienstag bis Samstag 12.30–20 Uhr geöffnet) und am RER-Bahnhof Châtelet-Les Halles (Dienstag bis Sonntag 12.30–18 Uhr).

Eintrittspreise und Öffnungszeiten
Die vorgeschlagenen Wege beinhalten viele Museen und Gedenkstätten. Es empfiehlt sich, eine *Paris Carte-Musée* zu kaufen (erhältlich in Museen und großen Metro-Bahnhöfen), mit der Sie sich die Warteschlangen ersparen. Die meisten Museen sind montags oder dienstags geschlossen. Die kleineren z. T. auch über Mittag, andere im August. Lange Öffnungszeiten haben u. a. der Louvre, der mittwochs bis 23 Uhr, und der Eiffelturm, der bis 22.30 (im Juli und August bis 23 Uhr) geöffnet ist. In einigen Museen zahlt man sonntags nur den halben Preis oder der Eintritt ist frei. Damit Sie Ihre Touren zeitlich optimal planen können, sind bei jedem Museum Ruhetag sowie gegebenenfalls ungewöhnliche Öffnungszeiten angegeben.

Notrufnummern

Polizei Tel. 17
Feuerwehr (Pompiers) Tel. 18
Krankenwagen (SAMU) Tel. 15

SOS Médicins Tel. 01 47 07 77 77
SOS Dentistes Tel. 01 43 37 51 00

Apotheken mit Nachtdienst
Pharmacie Dhery, 84, avenue des Champs-Elysées, 75008; Tel. 01 45 62 02 41. 24 Stunden geöffnet.
Pharmacie Opéra, 6, boulevard des Capucines, 57009; Tel. 01 42 65 88 29. Bis 0.30 Uhr geöffnet.

Einleitung

Gepäckaufbewahrung und Fundbüros
Das zentrale Fundbüro ist in 36, rue des Morrillons, 75015 (Öffnungszeiten: Montag und Mittwoch 8.30–17 Uhr, Dienstag und Donnerstag 8.30–20 Uhr, Freitag 8.30–17.30 Uhr). Gepäckaufbewahrungsmöglichkeiten gibt es an allen größeren Bahnhöfen.

Geschäfts- und Ladenöffnungszeiten
Im Allgemeinen sind die Geschäfte im Zentrum von Paris von 9 oder 10 Uhr bis 19 Uhr geöffnet. Lebensmittelgeschäfte und andere kleinere Läden haben oft über die Mittagszeit von etwa 12 bis 15 oder 16 Uhr und montags geschlossen. Die meisten Kaufhäuser sind am Donnerstag bis 22 Uhr geöffnet. Die Restaurants haben gewöhnlich einen Ruhetag, oft Sonntag, und viele machen im August Ferien; auch Modegeschäfte sind dann oft geschlossen.

Banken haben von etwa 9 bis 16.30 Uhr geöffnet, die Schalter zum Geldwechseln können allerdings zwischen 12 und 14 Uhr unbesetzt sein. Am Tag vor gesetzlichen Feiertagen schließen alle Banken bereits zur Mittagszeit. Die Wechselschalter an den Flughäfen Orly und Roissy/CDG sind täglich von ungefähr 6 bis 23.30 Uhr geöffnet. Ebenfalls täglich, aber nicht ganz so lange geöffnet sind die Bankfilialen in den Bahnhöfen Austerlitz, Est, Nord und St Lazare. Die UBP in 154, Champs-Elysées ist an Wochenenden von etwa 10.30 bis 18 Uhr, die CCF in Nr. 117 Montag bis Samstag von 8 bis 20 Uhr geöffnet. Geldautomaten gibt es überall in der Stadt.

Sicher durch Paris
Verkehrsreiche Straßen zu überqueren, kann ziemlich gefährlich sein, selbst an Zebrastreifen, wo die Fahrer eigentlich anhalten müssten, es aber oft nicht tun. Das Motto in Paris lautet: Vertrauen Sie den anderen Verkehrsteilnehmern, und zeigen Sie Selbstvertrauen! Am besten machen Sie es wie die Pariser. Einige Gebiete außerhalb des Zentrums sind nach Einbruch der Dunkelheit für Fußgänger allerdings nicht sicher: Bleiben Sie deshalb dort nachts immer auf gut beleuchteten Straßen.

Gesetzliche Feiertage
Viele Museen, Sehenswürdigkeiten und Geschäfte bleiben an folgenden Tagen geschlossen: Neujahr, Ostermontag, 1 Mai (Tag der Arbeit), 8. Mai (VE-Tag), Christi Himmelfahrt, Pfingstmontag, 14. Juli (Nationalfeiertag), 15. August (Mariä Himmelfahrt), 1. November (Allerheiligen), 11. November (Volkstrauertag), 1. Weihnachtsfeiertag.

Ein erster Eindruck

Dieser Weg ist als Einführung gedacht. Er soll Ihnen helfen, sich in der Stadt zu orientieren, und einen ersten Eindruck von den wichtigsten Sehenswürdigkeiten verschaffen, die allerdings größtenteils im Rahmen anderer Wege noch einmal angesteuert werden. Die Tour dauert etwa einen halben Tag, abhängig davon, ob und wie lange Sie sich unterwegs an den einzelnen Zielen aufhalten. Der Weg beschreibt eine große Spirale rund um das Zentrum der Stadt und führt Sie vom rechten Ufer der Seine auf das linke und wieder zurück, durch enge Gassen und auf breiten Boulevards. Dies ist auch der ideale Weg für Kurzbesucher, die an einem Tag möglichst viel von der Stadt sehen wollen, denn er bezieht viele der bekannten Wahrzeichen ein. Mit ein paar Änderungen können Sie die Tour auch mit dem Bus machen.

Das Palais Royal, der heutige Conseil d'Etat.

Ausgangspunkt ist die **Place de l'Opéra**, ein wichtiger Schnittpunkt im Herzen von Baron Haussmanns großem Entwurf für die Innenstadt. Der Platz steht ganz im Zeichen der prächtigen **Opéra Garnier** (siehe *Kommerz und Kultur*). Über die Boulevards des Capucines und de la Madeleine Richtung Südwesten kommen Sie zur **Place de la Madeleine**, wo die klassizistische Kirche **La Madeleine** thront (siehe *Sehen und gesehen werden*).

Gehen Sie geradeaus weiter die **Rue Royale** hinunter zur **Place de la Concorde** (siehe *Imposante Kulisse*), vorbei an zwei schönen Louis XI-Bauten; das zu Ihrer Rechten beherbergt heute das **Hôtel Crillon**. Über den Pont de la Concorde kommen Sie auf die linke Seite der Seine. Die Assemblée Nationale, Sitz des französischen Parlaments im Palais Bourbon, wurde von einer Tochter Louis XIV erbaut, erhielt die griechisch anmutende Fassade allerdings erst unter Napoléon.

Gehen Sie links den Quai Anatole hinunter zum **Musée d'Orsay**. Das Museum in einem ehemaligen Bahnhof besitzt die größte Impressionistensammlung der Welt (siehe *Am linken Ufer der Seine*). Bleiben Sie auf dem Quai, dann rechts in die Rue du Bac mit den vielen Antiquitätenläden und Galerien bis zum **Boulevard St Germain**, der Hauptverkehrsader der Rive Gauche.

Kurz hinter der Kirche von St Germain-des-Près (siehe *Am linken Ufer der Seine*) zweigt links die **Rue de Buci** ab, wo Dienstag bis Freitag vormittags ein Frucht- und Gemüsemarkt abgehalten wird. Außerdem sind hier zahlreiche Galerien, Buch- und Antiquitätenhandlungen ansässig. Folgen Sie der Rue de Buci, die zur Rue St André-des-Arts wird, bis zur **Place St Michel**,

St Germain l'Auxerrois.

em Mittelpunkt des Quartier Latin (siehe *Studenten und Rebellen*).

Der Pont au Double führt Sie über den Fluss auf die **Ile de la Cité** mit einem ersten Blick auf die mittelalterliche Kathedrale **Notre-Dame** (siehe *Reif für die Inseln*). Kehren Sie anschließend über den Pont d'Arcole an das rechte Ufer zurück. Auf der Rue du Renard sehen Sie das **Hôtel de Ville**, im 19. Jahrhundert im Renaissancestil erbaut, zu Ihrer Rechten und die gotische **Tour St Jacques** zur Linken. Links vor Ihnen liegt das Kulturzentrum **Centre Pompidou** (siehe *Vergangenheit und Moderne*).

Auf der Rue Berger nach Westen, vorbei an der **Fontaine des Innocents** aus dem 16. Jahrhundert auf der linken Seite, gelangen Sie zu dem gigantischen Einkaufszentrum **Forum des Halles** (siehe *Vergangenheit und Moderne*). An dieser Stelle stand vom 12. Jahrhundert bis 1969 der zentrale Großmarkt der Stadt. Wenden Sie sich nach links in die Rue du Pont Neuf und dann nach rechts in die elegante, kolonnadengesäumte Rue de Rivoli mit vielen exklusiven Geschäften. Die letzte Etappe des Weges ist der Louvre (siehe *Imposante Kulisse*); auch wenn Sie nicht genug Zeit haben um hineinzugehen, sollten Sie mindestens einen Blick auf die Pyramide aus Glas und Stahl von I. M. Pei vor dem Haupteingang werfen. Verlassen Sie den Louvre durch die Metro-Station Louvre-Rivoli, die mit Reliefs und Statuen verziert ist.

Kunst und Cafés: Montmartre

▶ **BEGINN**
Place des Abbesses. Nächste Metro-Station: Abbesses.

■ **ENDE**
Place des Abbesses. Nächste Metro-Station: Abbesses.

Auch wenn Sie mit der Seilbahn auf die *butte*, den Hügel von Montmartre fahren, so ganz bleibt Ihnen das Klettern nicht erspart. Dieser Weg ist also eher etwas für fitte Zeitgenossen. Der Name des Bezirks, von *mons martyrium* (Märtyrerberg), erinnert an das Martyrium von St Denis im Jahr 250 n. Chr. Jahrhundertelang war Montmartre ein ländliches Dorf mit vielen Windmühlen, in denen das Mehl für die Hauptstadt gemahlen wurde. Im 19. Jahrhundert entdeckten dann Maler, Schriftsteller und Musiker seinen pittoresken Charme und die niedrigen Mieten. Und mit ihnen kamen die lauten Bars, halbseidenen Varietés und schäbigen Bordelle, die zum *vie de bohème* gehören. Montmartre erlebte seine Blütezeit Ende des 19., Anfang des 20. Jahrhunderts, als Picasso im Le Bateau Lavoir lebte und Utrillo im Au Lapin Agile seinen Absinth trank – unser Weg führt Sie zu beiden. Nach dem Ersten Weltkrieg kamen die Touristen, und heute pilgern sie in hellen Scharen die *butte* hinauf und belagern den alten Dorfplatz, die Place du Tertre, und Sarcré-Cœur – trotz des Kommerzes immer noch eine machtvolle Ikone. Montmartre hat auch heruntergekommene Ecken, insbesondere die Gegend um die Place Pigalle, aber auf den kleinen Plätzen, in verwinkelten Gassen und auf alten Friedhöfen hat sich das Viertel seine ländliche Atmosphäre und seinen Charme bewahrt.

Gedenkstätte für die Sängerin Yolanda Gigliotti, die unter dem Namen Dalida bekannt wurde.

Türfries in Montmartre.

Brunnen am Fuß von Sacré-Cœur

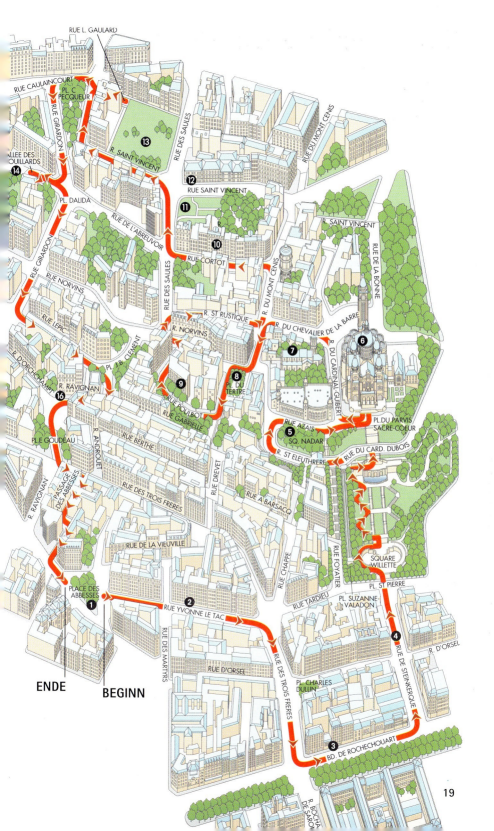

Kunst und Cafés: Montmartre

❶ Wenn Sie aus der Metro-Station auf die malerische **Place des Abbesses** hinaustreten, werfen Sie einen Blick zurück auf den Metro-Eingang aus der Belle Epoque. Von diesen frühen Arbeiten Hector Guimards sind nur noch zwei im Original erhalten. Der Platz ist nach den Nonnen des Klosters benannt, das Adelaide von Savoyen, die Frau Louis VI (»des Dicken«), 1133 oben auf der *butte* begründet hatte. Den Nonnen wurde auf Dauer der Aufstieg zu anstrengend, und so zogen sie im 17. Jahrhundert hierher. Auf der Südseite des Platzes steht die maurische Kirche **St Jean-l'Evangeliste** von Anatole de Baudot (1904), die erste der Stadt, die in Eisenbetonbauweise errichtet wurde.

Metro-Eingang an der Place des Abbesses.

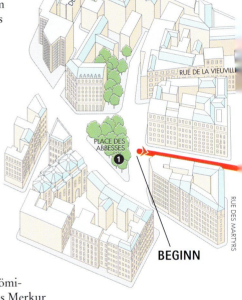

St Jean-l'Evangeliste.

❷ Verlassen Sie den Platz auf der von Restaurants und Galerien gesäumten **Rue Yvonne Le Tac.** Nach der Legende ist dies der Ort des Martyriums von St Denis, den römische Soldaten auf den Hügel zum Tempel des Merkur bringen sollten, wo er hingerichtet werden sollte. Zu erschöpft für den weiteren Aufstieg, enthaupteten ihn die Römer auf halber Strecke. Daraufhin soll Denis mit seinem abgeschlagenen Kopf noch sechs Kilometer weitergewankt sein. Schließlich sei er an dem Platz zusammengebrochen, an dem heute die Basilika von St Denis steht. Die **Chapelle du Martyre** am mutmaßlichen Ort seiner Enthauptung ersetzt eine ältere Kapelle, in der 1534 der Jesuitenorden gegründet worden war. (Freitag bis Montag geöffnet.) Ein kurzes Stück die Rue de Trois Frères hinunter öffnet sich die Straße auf die **Place Charles Dullin** mit dem **Théâtre de l'Atelier** und dem **Café du Théâtre,** wo Sie eine Kaffeepause einlegen können.

Das Théâtre de l'Atelier.

Montmarte

❸ Anschließend führt Ihr Weg auf den belebten Boulevard de Rochechouart – nicht wegen seines besonderen Charmes, sondern aus historischen Gründen: Nr. 84 beherbergt heute einen schäbigen Souvenirladen, aber früher war hier das **Le Chat Noir,** Rodolphe Sasis' Varieté, das seriöse Bürger zum Eintauchen in das Ambiente des *demi-monde* verführte. Ein paar Häuser weiter, in Nr. 72, steht immer noch die wunderschöne, wenn auch bröckelnde Jugendstilfassade des **Théâtre Elysée-Montmarte.** In seiner Blütezeit war dieser Nachtklub für die ausgefallensten Dekorationen und Shows der Stadt bekannt. Hier gab seinerzeit die berühmte Cancan-Tänzerin La Goulue ihr Debüt, bevor sie ins Moulin Rouge abwanderte.

Das Théâtre Elysée-Montmartre.

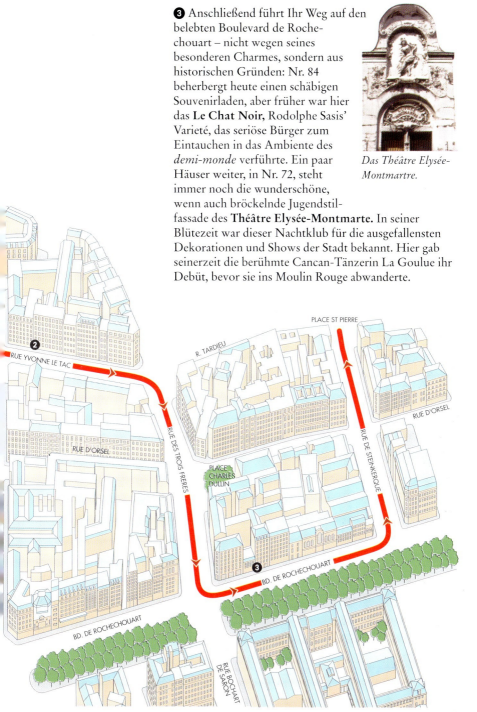

Kunst und Cafés: Montmartre

❹ Preiswerte Stoff- und Bekleidungsläden säumen die **Rue de Steinkerque.** In der Halle St Pierre rechts des Square Willette (außerhalb des Kartenausschnitts) finden Sie das **Musée d'Art Naïf Max Fourney,** eine beeindruckende internationale Sammlung naiver Gemälde und Skulpturen, das **Musée en Herbe,** ein Museum für Kinder, und ein Café. (Täglich geöffnet.)

Auslage eines Stoffgeschäfts.

Auf dem Weg zur Sacré-Cœur laden geschickt platzierte Bänke dazu ein, einen Blick auf die Kirche zu werfen. Wenn Ihnen der Aufstieg zu beschwerlich ist, nehmen Sie die **Seilbahn** an der Place Susanne-Valadon.

❺ Vorbei an der steil abfallenden Rue Foyatier (insgesamt 266 Stufen), kommen Sie zu dem hübsch bepflanzten **Square Nadar.**

Ladenschild.

❻ Die **Basilique du Sacré-Cœur** belegt dicht hinter dem Eiffelturm den zweiten Platz im Rennen um die Gunst der Touristen. Genießen Sie aber zunächst von der **Place du Parvis** den fantastischen Blick auf die Stadt mit dem Eiffelturm, Les Invalides, dem Panthéon und Notre-Dame. Die Panoramakarte auf der rechten Seite der Stufen hilft Ihnen, die Bauwerke zu identifizieren. Die mächtige Basilika mit einem Stilgemisch aus byzantinischen und aquitanisch-romanischen Elementen wurde nach Plänen von Paul Abadie im Auftrag der katholischen Kirche als ein Symbol der Reue nach der Niederlage Frankreichs im Deutsch-Französischen Krieg 1871 und als Sühnekirche für die »Verbrechen« der Pariser Kommune ab 1875 errichtet. Die Bauzeit erstreckte sich über Jahrzehnte. Erst 1919 wurde die Kirche geweiht. Das Innere wird von einem großen Mosaik mit einer Christusfigur beherrscht, die die Arme wie zum Willkommensgruß ausstreckt. Sie können über eine Wendeltreppe in die Kuppel hinaufsteigen und dort die atemberaubende Panoramasicht auf Paris genießen.

❼ **St Pierre,** die andere Kirche von Montmartre, gehört zu den ältesten von Paris und ist der Rest eines Benediktinerinnenklosters aus dem 12. Jahrhundert. Obwohl ein Stilgemisch – vier vermutlich römische Säulen, der Chor aus dem 12. Jahrhundert, das Schiff aus dem 15. Jahrhundert, der Turm aus dem 18. Jahrhundert und die Türen aus dem 20. Jahrhundert –, ist sie insgesamt erfrischend schlicht. Auf dem kleinen Friedhof **Cimetière Calvaire** liegen 85 Grabstätten, er ist aber nur am 1. November (Allerheiligen) und am Totensonntag für die Öffentlichkeit zugänglich.

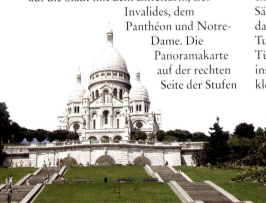
Die Basilique du Sacré-Cœur.

Montmartre

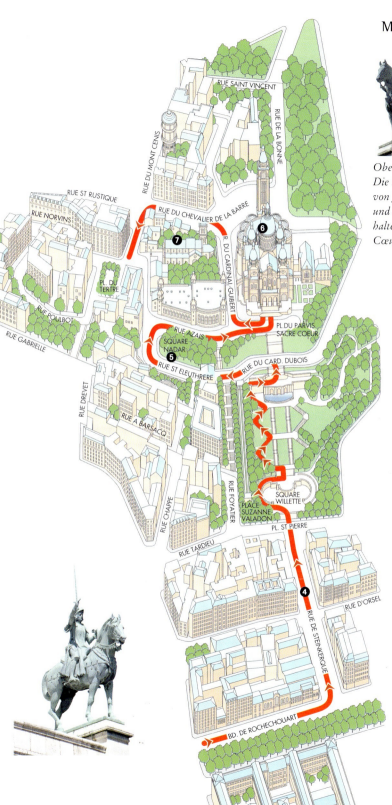

Oben und unten: Die Standbilder von Jeanne d'Arc und St Louis halten bei Sacré-Cœur Wache.

Kunst und Cafés: Montmartre

Kunst zu verkaufen auf der Place du Tertre.

❽ Selbst an eisigen Wintertagen ist die **Place du Tertre** aus dem 14. Jahrhundert im Herzen von Montmartre von Touristen belebt, die sich hier freiwillig von durchschnittlichen Malern ausnehmen lassen, die an jeder Ecke kitschige Landschaften und Porträts anbieten. In den Brasserien am Platz ist die Qualität des Essens zweitrangig, was zählt, ist die Atmosphäre. Die älteste, **Chez La Mère Cathérine** (Nr. 6; Tel. 01 46 06 32 69), wurde 1793 eröffnet und ist nach ihrer ersten *patronne* benannt. Wenn Sie den Platz via Rue Poulbot verlassen, kommen Sie an einer weiteren steilen Treppe in der **Rue du Calvaire** vorbei.

Ländliches Haus in der Rue Poulbot.

❾ Bronzefarbene Uhren, die über dünnen Ästen zerfließen, und ein Einhorn, das aus einem herzförmigen Loch in einer Wand Blut trinkt – im **Espace Montmartre Salvador Dalí** (Nr. 11), einer höhlenartigen unterirdischen Galerie, wird eine ständige Ausstellung von Skulpturen, Bildern und Zeichnungen des surrealistischen Künstlers gezeigt. (Täglich geöffnet.)

❿ Das **Musée de Montmartre** im ältesten Haus des Bezirks nimmt den Besucher mit auf einen Spaziergang durch die Geschichte. Gezeigt werden u.a. interessante historische Fotografien und die Rekonstruktion des Café de l'Abreuvoir. Es gehörte im 17. Jahrhundert Claude de la Rose, besser bekannt als Rose de Rosimond, einer von Molières Schauspielern, der wie Molière bei einer Aufführung von *Le Malade Imaginaire* (Der eingebildete Kranke) auf der Bühne starb. Im 19. Jahrhundert mieteten sich Maler in dem Haus ein, darunter Renoir, Dufy, Suzanne Valadon und ihr Sohn Maurice Utrillo, der **La Maison Rose** in der Rue de l'Abreuvoir Nr. 2 durch eines seiner Bilder unsterblich gemacht hat. (Montags geschlossen.)

Das Musée de Montmartre.

Montmartre

❶❶ Von der Rue St Vincent haben Sie einen schönen Blick auf den **Weinberg des Montmartre,** einen von zwei Weinbergen, die es in Paris noch gibt. Er wurde in den 1930er-Jahren auf Anregung des Künstlers Poulbot angelegt. Jedes Jahr werden noch etwa 700 Flaschen Clos Montmartre produziert, ein robuster Rotwein mit einem Beigeschmack von Essig, dessen Lese im Oktober mit einer ausgelassenen *fête* gefeiert wird.

Wein vom Montmartre.

Kunst und Cafés: Montmartre

Au Lapin Agile, früher beliebt bei Künstlern.

12 Abgesehen von der Klientel, hat sich das Künstlerlokal **Au Lapin Agile** mit der schönen Terrasse im Schatten der großen Akazie und André Gills Bild mit dem Kaninchen auf der Flucht vor dem Kochtopf, dem das Restaurant – indirekt – den Namen verdankt (Lapin à Gill), kaum verändert. Statt Allais, Picasso und Utrillo trifft man hier heute allerdings Touristen.

13 Efeubewachsene Mauern umschließen den **Cimetière St Vincent**. Als der Friedhof Calvaire voll war, wählten alteingesessene Familien vom Montmartre, die keine Grabstätten auf dem Hauptfriedhof an der Avenue Rachel besaßen, diesen Ort als letzte Ruhestätte. Zu den Berühmtheiten, die hier begraben liegen, gehören Sasis Partner Emile Goudeau und Utrillo. (Täglich geöffnet.)

14 Steigen Sie die Stufen in der Rue Giradon hinauf und machen Sie einen kleinen Umweg durch die **Allée des Broillards** (Allee der Nebel), einen geheimnisvollen baumbestandenen Weg. Auf der linken Seite liegt das Château des Brouillards aus dem 18. Jahrhundert, geliebt von Malern und Dichtern. Schauen Sie anschließend auf dem **Square Suzanne Buisson** vorbei mit der Statue von St Denis, der seinen abgeschlagenen Kopf umklammert.

15 Früher beherrschten Dutzende von Windmühlen die Skyline von Montmartre, heute sind es gerade noch zwei. Die hübsche schindelgedeckte **Moulin du Radet** ist weniger bekannt als die benachbarte **Moulin de la Galette** in der Rue Lepic Nr. 79 (außerhalb des Kartenausschnitts), die in einen Tanzsaal umgewandelt und von Renoir auf dem Bild *Le bal du Moulin de la Galette* verewigt wurde.

16 Le Bateau Lavoir war ursprünglich eine Klavierwerkstatt, bevor daraus Ende des 19. Jahrhunderts eine Bleibe für Künstler wurde. Hier lebten und arbeiteten u. a. Apollinaire, Picasso, Modigliani und Gris in heruntergekommenen Räumen. Den Namen prägte Max Jacob 1889, weil ihn das Gebäude an die Wäscherei-Schiffe erinnerte, die auf der Seine verkehrten. Das Haus ist 1970 bis auf die Grundmauern abgebrannt, wurde jedoch wieder aufgebaut und bietet nun aufstrebenden Talenten gesündere Arbeitsbedingungen. Treten Sie auf die **Place Emile-Goudeau** hinaus und bewundern Sie den anmutigen Wallace-Brunnen (siehe Seite 31). Speisen Sie im **Relais de la Butte** (12, rue Ravignan, Tel. 01 42 23 94 64) aus dem 17. Jahrhundert, wo herzhafte Käsegerichte serviert werden.

Grabstein auf dem Cimetiere St Vincent.

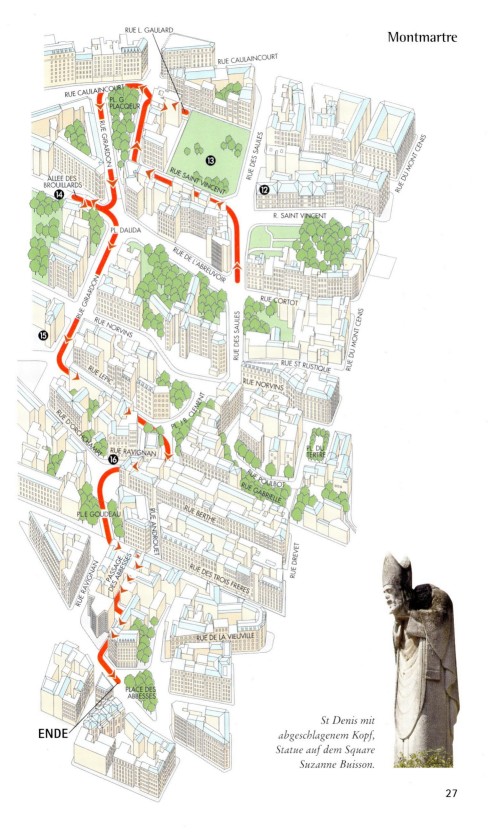

St Denis mit abgeschlagenem Kopf, Statue auf dem Square Suzanne Buisson.

Studenten und Rebellen: Das Quartier Latin

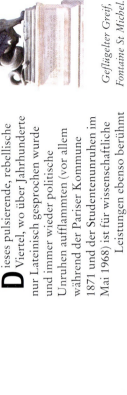

Geflügelter Greif, Fontaine St. Michel.

Dieses pulsierende, rebellische Viertel, wo über Jahrhunderte nur Lateinisch gesprochen wurde und immer wieder politische Unruhen aufflammten (vor allem während der Pariser Kommune 1871 und der Studentenunruhen im Mai 1968) ist für wissenschaftliche Leistungen ebenso berühmt wie für seinen unkonventionellen Lebensstil. Seine Ursprünge reichen bis in römische Zeit zurück, und im Mittelalter wurde hier die Sorbonne gegründet, die bedeutendste Universität Frankreichs. Lebensader des Bezirks ist der Boulevard St Michel, liebevoll Boul'Mich genannt. Unser Weg führt allerdings von der Place St Michel hinweg in ein Gewirr alter römischer Straßen, heute ein buntes Einwandererviertel; dann wenden wir uns vom Fluss stadteinwärts Richtung Musée de Cluny, zur Sorbonne und zuletzt besuchen wir das auf einem Hügel gelegene Panthéon.

▲ **BEGINN**
Place St Michel.
Nächste Metro-Station: St Michel.

■ **ENDE**
Rue Clovis. Nächste Metro-Station: Cardinal-Lemoine.

Die gotische Kirche St Séverin.

Studenten und Rebellen: das Quartier Latin

❶ Treffpunkt jugendlicher Nachtschwärmer auf der hektischen **Place St Michel** ist die Fontaine St Michel von Davioud (1860). Das Monument zeigt den Erzengel Michael, wie er den Teufel in das Wasser des Brunnens wirft.

Die Fontaine St Michel.

❷ Gehen Sie die Rue de la Huchette hinunter, biegen Sie dann in die **Rue de la Harpe** ab, eine Touristenfalle mit zweifelhaften Nachtlokalen und billigen griechischen und nordafrikanischen Restaurants, die Sie tunlichst meiden sollten, es sei denn, Sie sind kurz davor zu verhungern.

❸ Links die Rue St Séverin hinunter, kommen Sie zu der im Flamboyantstil errichteten gotischen Kirche **St Séverin** – mit ihrer Ruhe und Harmonie das absolute Kontrastprogramm zur Rue de la Harpe. Der eindrucksvolle doppelte Chorumgang aus einem Wald von Säulen zieht die Blicke des Betrachters sofort magisch an. Auf der Südseite verbirgt

Am Eingang von St Séverin.

sich ein zum alten Friedhof gehörender Säulengang – er stammt aus dem späten 15. Jahrhundert und beherbergt die letzten noch vorhandenen Beinhäuser der Stadt.

❹ Gehen Sie ein Stück zurück und dann via Rue Xavier-Privas wieder in die **Rue de la Huchette.** Achten Sie im Vorbeigehen auf die dreckige **Rue du Chat-Qui-Pêche,** die vermutlich schmalste Straße in Paris – so ähnlich muss im Mittelalter die ganze Stadt ausgesehen haben. In **Nr. 10** mietete 1795 der junge, mittellose Napoléon ein Zimmer. Nach einer Tafel, die diese Tatsache bestätigt, suchten wir zwar vergebens, aber der geschäftstüchtige Inhaber der Taverne nebenan bestätigte, dass Napoléon hier gelebt und in seinem Restaurant gegessen habe. Direkt dahinter liegt der Jazzkeller **Caveau de la Huchette.**

Ein altes Buch aus dem Sortiment von Shakespeare and Company.

Caveau de la Huchette.

Quartier Latin

Walt Whitman bei Shakespeare and Company.

❺ Wenn man die verwahrloste Gegend verlässt, eröffnet sich ein schöner Blick auf Notre-Dame (siehe Seite 125). In der Rue de la Bûcherie Nr. 37 finden Sie die auf englischsprachige Literatur spezialisierte Buchhandlung **Shakespeare and Company,** die heute von dem Amerikaner George Whitman geführt wird. Sie war seinerzeit Treffpunkt ausländischer Schriftsteller wie Hemingway, Joyce, Pound und Miller. Davor steht ein Brunnen, den Sir Richard Wallace 1872 der Stadt Paris zum Geschenk machte.

Der Wallace-Brunnen in der Rue de la Bûcherie.

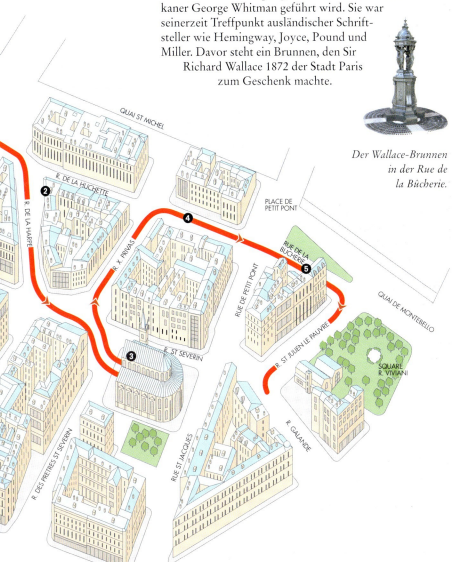

Studenten und Rebellen: das Quartier Latin

❻ Auch von dem hübschen Garten von **St Julien-le-Pauvre** haben Sie einen erstklassigen Blick auf Notre-Dame. Die kleine Kirche ist sehr alt (Baubeginn 1170), und man wähnt sich meilenweit vom Pariser Zentrum entfernt. Das Innere weist Säulen mit anmutigen Blattkapitellen und – heute eine griechisch-orthodoxe Kirche (Melchiten) – byzantinische Verzierungen auf. **Bike n'Roller** (Tel. 01 44 35 89) in der Rue St Julien-le-Pauvre kümmert sich um die riesige Gemeinde der Pariser Inlineskater. Hier können Sie Fahrräder und Inlineskater ausleihen und sonntags (10.30 Uhr) an einer kostenlosen Inlineskating-Tour über die Quais am Fluss teilnehmen, die dann für den Verkehr gesperrt sind. Achten Sie auf das schöne Portal aus dem 17. Jahrhundert von Nr. 14.

Portal am Haus Nr. 14 in der Rue St Julien-le-Pauvre.

❼ Um die Ecke, in der **Rue Galande,** befindet sich das älteste Straßenschild der Stadt, ein Flachrelief aus dem 14. Jahrhundert mit einer Darstellung von St Julien und seiner Frau, die Christus dabei helfen, die Seine zu überqueren. Rechter Hand, in der Rue Dante, liegt die **Librairie Gourmande,** eine wahre Fundgrube für Bücher über Speisen und Weine.

Das älteste Straßenschild von Paris in der Rue Galande.

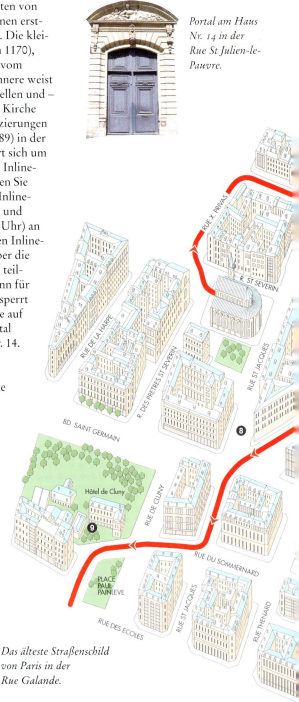

Quartier Latin

Sonnenuhr von Salvador Dalí in der Rue St Jacques.

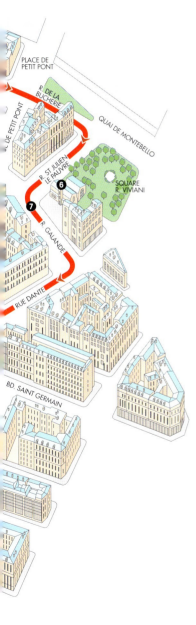

❽ Auf der rechten Seite der Rue St Jacques, an der Mauer von Nr. 27, einem Sandwichladen, sehen Sie eine **Sonnenuhr von Salvador Dalí.** Die Straße verdankt ihren Namen der Tatsache, dass hier der mittelalterliche Pilgerpfad nach Santiago de Compostela in Spanien begann.

❾ Als Nächstes steht das **Musée de Cluny** auf dem Programm, ein Museum für Kunstgewerbe aus dem Mittelalter. Es besteht aus zwei Gebäuden: den Resten der **Thèrmes de Lutece,** dem ehemaligen gallisch-römischen Bad, und dem **Hôtel de Cluny,** 1330 für die Äbte von Cluny erbaut, 1510 umgebaut. Im Saal 6 werden beleuchtete Buntglasfenster aus Rouen, Ste Chapelle und St Denis gezeigt. Ein von Pierre de Montreuil geschaffenes Steinportal aus der Mitte des 13. Jahrhunderts führt in einen Saal, wo in Stein gehauene Köpfe aus Notre-Dame ausgestellt sind. Im Frigidarium, einem 15 m hohen überwölbten Saal im ehemaligen Thermalbad, fühlt

Das Einhorn aus der Gobelin-Serie La Dame à la Licorne.

man sich in die Zeit der alten Römer zurückversetzt. Der größte Schatz des Museums ist eine Serie von sechs Gobelins aus dem späten 15. Jahrhundert mit dem Thema *La Dame à la Licorne.* Sie beschwören eine bezaubernde Traumwelt herauf, die von einer geheimnisvollen Frau (mit einem großen Kleiderschrank), einem Einhorn, einem alten Löwen, Kammerzofen und frechen Affen bevölkert ist. Fünf der Gobelins stellen die fünf Sinne dar, der sechste (so nimmt man an) die Kunst, sie zu beherrschen. Sie wurden im 19. Jahrhundert in einem Schloss in Creuse entdeckt. (Dienstags geschlossen.)

Studenten und Rebellen: das Quartier Latin

❿ Die **Brasserie Balzar** (Tel. 01 43 54 13 67), ein bekannter Literatentreffpunkt mit einfacher, aber hervorragender Küche, freundlichen Kellnern, interessanten Gästen, holzgetäfelten Wänden, Kunststoffbänken und schlichtem, altmodischem Charme, gehört bis heute zu den sympathischsten Restaurants in Paris.

Die Eglise de la Sorbonne vom Cour d'Honneur aus betrachtet.

Victor Hugo im Cour d'Honneur der Sorbonne.

⓫ Angekommen bei der **Sorbonne,** die im 13. Jahrhundert gegründet wurde und heute Teil der Universität von Paris ist, befinden Sie sich mitten im Herzen des Quartier Latin. Der große Innenhof wird auf einer Seite von der Eglise de la Sorbonne begrenzt, wo Kardinal Richelieu, im 17. Jahrhundert Rektor der Sorbonne, bestattet ist. Die Fassade der Kirche weist auf die **Place de la Sorbonne,** wo die Studentenunruhen vom Mai 1968 ihren Anfang nahmen.

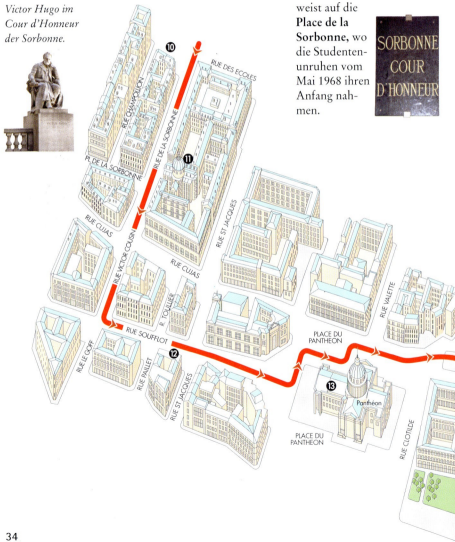

Quartier Latin

⓬ Im Schatten des mächtigen Panthéon wirkt das Restaurant **Les Fontaines** (Tel. 01 43 26 42 80) nicht gerade spektakulär, überzeugt aber mit einem überdurchschnittlichen Küchenstandard, beispielsweise *carré d'agneau aux herbes de Provence* oder *rognons de veau au moutarde de Dijon*, seinem stets gut gelaunten *patron* und einer lebendigen Atmosphäre.

⓭ Die Montaigne Ste-Geneviève, der Hügel, auf dem das **Panthéon** thront, war der Mittelpunkt der römischen Siedlung Lutetia und wurde später nach der Schutzheiligen von Paris benannt. Louis XV ließ die klassizistische Kirche als Grabkirche für Ste Geneviève bauen, doch erhielt sie schon bald eine neue Funktion als Mausoleum für die großen Toten Frankreichs mit einer bedrückend kühlen, fast gespenstischen Atmosphäre und einem leeren Innenraum.

An den Wänden sind grausame Szenen dargestellt, z.B. Jeanne d'Arc auf dem Scheiterhaufen oder, links des Eingangs, St Denis, wie er zum Erstaunen seines Henkers sein abgeschlagenes Haupt aufhebt. Besonders gut passen die blassen, transparenten Bilder von Puvis de Chavannes zu der Stimmung des Raums. In der Mitte der Kuppel hängt das Foucaultsche Pendel, mit dem Foucault 1851 die Erdrotation nachgewiesen hat.

Von der begehbaren Kuppel bietet sich ein atemberaubender Blick in den Innenraum und auf Paris. Die Krypta birgt in dunklen kleinen Räumen, die an Gefängniszellen erinnern, zahlreiche Grabstätten; hier liegen Voltaire, Rousseau, Jean Moulin, ein Führer der Résistance, Marie und Pierre Curie, Victor Hugo und Emile Zola. (Täglich geöffnet.)

⓮ Die nahe gelegene Kirche **St Etienne-du-Mont** besitzt eine ungewöhnliche Fassade. Im Inneren befindet sich der einzige in Paris erhaltene Lettner von 1541 sowie eine reich geschnitzte Holzkanzel. Gegenüber in der Rue Clovis liegt neben der Abbaye Ste Geneviève das **Lycée Henri IV**, das König Chlodwig im 5. Jahrhundert gegründet hat. Zu den Lehrern der berühmten Schule, die dem Quartier Latin auch heute noch studentischen Nachwuchs liefert, gehörte Jean-Paul Sartre.

Relief über dem Portal von St Etienne-du-Mont.

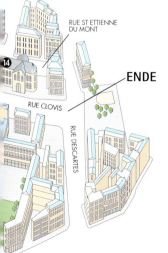

Statue, St Etienne-du-Mont.

Am linken Ufer der Seine: von St Germain-des-Prés zum Musée d'Orsay

Plakat vor dem Musée Delacroix.

Mi-vormittag

▶ **BEGINN**
Boulevard St Germain.
Nächste Metro-Station: Odéon.

■ **ENDE**
Musée d'Orsay. Nächste
Metro-Station: Musée d'Orsay.

Zwei benachbarte Stadtviertel bilden den Bezirk St Germain: das alte St Germain-des-Prés, das auf den Ländereien des mittelalterlichen Klosters und der Kirche St Germain entstanden ist, sowie das jüngere Faubourg St Germain im siebten *arrondissement*. Dieser Weg umfasst beide Viertel und den berühmten Boulevard, der sie verbindet. St-Germain-des-Prés hat einen Straßenmarkt, Kunstgalerien und das existenzialistische Erbe der 1950er Jahre zu bieten. Philosophische Feuerwerke, wie sie Sartre und Simone de Beauvoir im Café de Flore entzündeten, waren schwer zu toppen, und so werden im Flore zwar noch immer philosophische Debatten geführt, doch sind das heute organisierte Veranstaltungen, denen der sprühende Geist ihrer Vorgänger fehlt. Die elegante Shopping-Klientel, die mit den noblen Geschäften kam, hat die traditionelle Kundschaft der Künstler-Buchhandlung Shakespeare and Company aus den Cafés verdrängt. Im weiter nördlich gelegenen Faubourg ist eine ganze Reihe schöner Häuser erhalten geblieben, zudem überrascht das Viertel mit hübschen Details: einem flüchtigen Blick in einen grünen Innenhof oder einer in Stein gemeißelten Blüte. Am Ende der Tour winkt als Belohnung die Sammlung französischer Impressionisten im Musée d'Orsay – ein absolutes Muss.

Nostalgischer Imbisswagen in der Rue de Buci.

Am linken Ufer der Seine: von St Germain-des-Prés zum Musée d'Orsay

❶ Sie überqueren den Boulevard St Germain und biegen in den gepflasterten **Cour du Commerce St André,** wo in der Werkstatt des deutschen Tischlers Schmidt (Nr. 9) Dr. Louis Guillotin 1792 seine neueste Erfindung durch Versuche an Schafen perfektionierte. In Nr. 8 wurde Marats Zeitung, *L'Ami du Peuple,* gedruckt, und wenn Sie in Nr. 4 durch die Fenster spähen, können Sie einen Teil eines Turms der mittelalterlichen Stadtmauer sehen. Gegenüber der Rückseite von Le Procope (s. u.) liegt der **Cour du Rohan,** eine Anlage aus drei malerischen, miteinander verbundenen Höfen.

❷ Die belebte **Rue St André-des-Arts** ist voll gestopft mit Bars, Buchhandlungen und parkenden Motorrollern. Im **Allard** (Nr. 41, Tel. 01 43 26 48 23), einem altmodischen Bistro, in dem einst Brigitte Bardot verkehrte und noch früher der Dramatiker Racine wohnte, liegt immer noch Sägemehl auf dem Boden. Ein kleiner Umweg bringt Sie in die **Rue de l'Ancienne Comédie,** wo im 17. Jahrhundert die Comédie Française in Nr. 14 in einer alten Tennishalle gastierte. **Le Procope** in Nr. 13 (Tel. 01 43 26 99 20), heute ein schickes Restaurant, war das erste Kaffeehaus der Stadt. Molière, Corneille, Voltaire und Balzac waren hier Stammgäste. Wenn Sie ein paar Meter zurück und dann die Rue Mazarine hinaufgehen, kommen Sie zum **L'Alcazar** (Nr. 62; Tel. 01 53 10 19 99), einer florierenden Brasserie mit Marmorboden und einer piekfeinen Bar im Obergeschoss.

❸ In die **Rue de Buci** sollten Sie unbedingt vormittags gehen, denn der Markt, auf dem *le tout St Germain* sich mit Nahrungsmitteln versorgt, schließt gegen Mittag bis 16 Uhr. (Montag und Sonntagnachmittag geschlossen.) Weiter nördlich in Nr. 43 (Tel. 01 43 26 68 15) liegt das Künstlercafé **La Palette,** an dessen dunklen Holzwänden Malutensilien hängen. Ein Stück weiter signalisieren Kunstgalerien, dass Sie sich der Ecole des Beaux-Arts nähern.

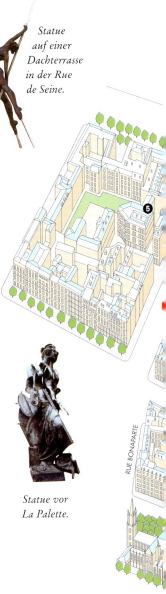

Statue auf einer Dachterrasse in der Rue de Seine.

Statue vor La Palette.

Marktstand in der Rue de Buci.

St Germain-des-Prés bis Musée d'Orsay

❹ In der **Rue des Beaux-Arts** starb Oscar Wilde völlig mittellos im L'Hôtel (Nr. 13), wo sein Zimmer nahezu im Originalzustand erhalten wurde.

❺ Gegenüber, in der Rue Bonaparte, befindet sich im Palais des Etudes die **Ecole Nationale Supérieure des Beaux-Arts,** Frankreichs wichtigste Ausbildungsstätte für bildende Kunst. In das Gebäude aus dem 19. Jahrhundert sind Teile eines Klosters aus dem 17. Jahrhundert integriert. Hier gibt es auch gute zeitgenössische Ausstellungen zu sehen.

❻ In der Rue de l'Abbaye ist das auffällige **Palais Abbatial** nicht zu übersehen. Es wurde 1586 von Charles de Bourbon, dem damaligen Abt von St Germain, gebaut, der später einen kurzen Auftritt als König Charles X hatte.

Gedenktafel für Oscar Wilde am L'Hôtel.

Laternenpfahl vor dem Palais Abbatial.

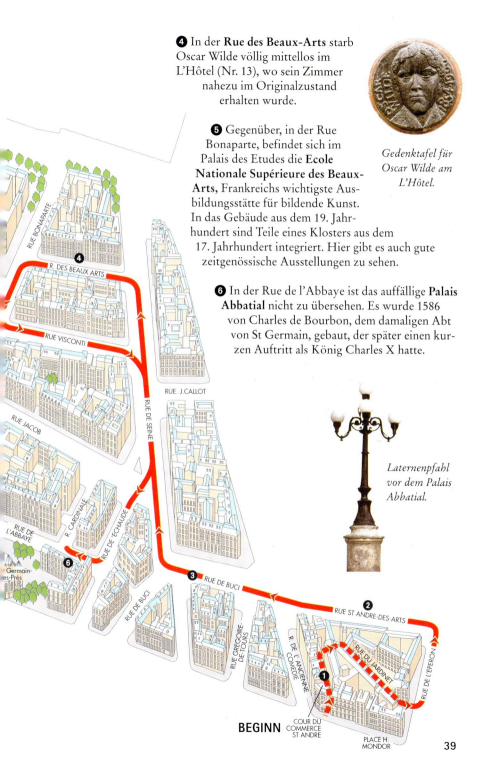

Am linken Ufer der Seine: von St Germain-des-Prés zum Musée d'Orsay

❼ Nächste Station ist die **Place de Furstemburg** mit dem **Musée Delacroix,** das dem großen romantischen Maler des 19. Jahrhunderts gewidmet ist, der hier lebte, arbeitete und starb. (Dienstags geschlossen.) Werfen Sie noch einen Blick zurück auf die Abtei mit dem üppigen Garten hinter dem schmiedeeisernen Tor, bevor Sie diesen stillen Winkel verlassen.

Eugène Delacroix.

❽ Auf der **Rue St Benoît** geht's zum Boulevard St Germain zurück. Die tagsüber ruhige Straße verändert – wie viele andere in diesem Viertel – nach Einbruch der Dunkelheit ihr Gesicht, wenn sich die Straßen füllen und Restaurants zu Jazz-Clubs werden – auch wenn es nicht mehr so wie zu ihrer Blütezeit in den 1940er und 1950er Jahren ist, als Duke Ellington, Charlie Parker und Miles Davis im Club St Germain in Nr. 13 auftraten. Das **Petit St Benoît** (Nr. 4; Tel. 01 42 60 92) aus dem Jahre 1901 ist liebenswert altmodisch, mit gefliestem Boden, schlichten Bänken und bodenständiger, preiswerter Küche.

Kachelbild in der Rue St Benoît.

Vor dem Club St Germain.

❾ Verweilen Sie ein paar Minuten in dem idyllischen Garten hinter der Kirche von St Germain-des-Prés. Hier steht eine Statue von Picasso, eine Homage an seinen Freund Apollinaire. Der Dichter war Stammgast im nahe gelegenen Café de Flore. Die Kirche ist die älteste von Paris; ihre Ursprünge reichen bis in das Jahr 542 zurück, als der Merowinger Childebert I. hier inmitten von Wiesen eine Basilika errichten ließ, die heilige Reliquien aufnehmen sollte. Nach der Zerstörung durch die Normannen wurde die Kirche im 11. Jahrhundert wieder aufgebaut, während der Revolution erneut verwüstet und im 19. Jahrhundert restauriert. Das Resultat ist eine kuriose Stilmischung.

Im Park von St Germain-des-Prés.

St Germain-des-Prés.

St Germain-des-Prés bis Musée d'Orsay

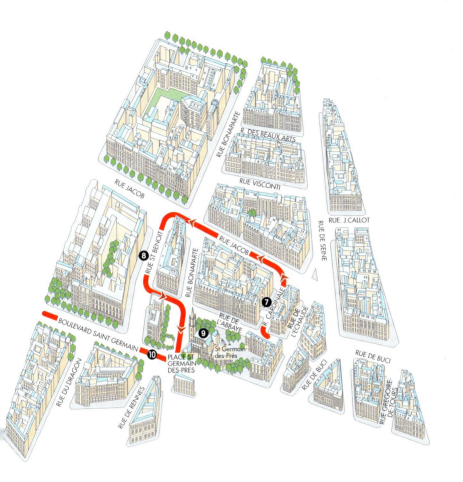

Statue vor Les Deux Magots.

❿ Die berühmte bogenförmige Hauptverkehrsstraße des Bezirks, der **Boulevard St Germain**, ist ein Resultat von Baron Haussmanns stadtplanerischen Aktivitäten. Ihm fielen zwar viele schöne Häuser zum Opfer, doch hatte er schon bald eine eigene, charakteristische Atmosphäre. Dazu gehören auch die langjährigen Rivalinnen um die Gunst der Intelligenz: **Café de Flore** (Nr. 172) und **Les Deux Magots** (Nr. 170). Letzteres wurde von Hemingway favorisiert. Das Interieur des Flore mit Spiegeln, rotem Plüsch und Mahagoni und der Geist von Sartre und Simone de Beauvoir ziehen immer noch die Literaten an – allerdings sind sie heute besser betucht als zu der Zeit, als Huysmans, Trotzky und Camus hier Stammgäste waren. Eine andere Institution von St Germain ist die elsässische **Brasserie Lipp** in Nr. 151, wo Jugendstilfliesen und prominente Klientel gleichermaßen intakt blieben, wenngleich sich St Germain radikal verändert. Die Anwohner trauern z.B. dem schmuddeligen, rund um die Uhr geöffneten Drugstore in Nr. 149 nach, der von einem Luxusgeschäft verdrängt wurde.

Am linken Ufer der Seine: von St Germain-des-Prés zum Musée d'Orsay

⓫ Verlassen Sie den Boulevard, der langsam in ein Wohngebiet übergeht, zum Besuch der Kirche **St Thomas d'Aquin** aus dem 17. Jahrhundert. Sie wurde über dem Grundriss eines griechischen Kreuzes von Pierre Bullet für das nahe gelegene Dominikanerkloster gebaut.

⓬ Gegenüber, in der Rue du Bac Nr. 46, liegt ein ungewöhnlicher Laden. Bei dem Tierpräparator **Deyrolle**, dessen Familie hier seit 170 Jahren ansässig ist, können Sie ausgestopfte Tiere jeder Art und Größe bestaunen, vom mächtigen Bullen bis zum winzigen Kolibri.

⓭ In den schmalen Gassen zwischen der Rue de l'Université und der Seine haben sich zahlreiche Antiquitätenhändler und Kunstgalerien angesiedelt. Die Gegend wird auch **Le Carré de Rive Gauche** genannt, nach einer Organisation von 30 Händlern, deren Geschäfte an einem blau-weißen Emblem erkennbar sind. Viele der exquisiten Läden haben sich spezialisiert, andere Händler bieten so ziemlich alles an. Schlendern Sie durch die Gassen und genießen Sie die Auslagen in den Schaufenstern. Achten Sie auch auf die verschwiegenen Hinterhöfe mit vielen Blumen und Kopfsteinpflaster, wie zum Beispiel **Cour des Sts Pères** in der Rue des Sts Pères Nr. 16.

⓮ Lebhaftes Stimmengewirr führt uns zum **Café des Lettres** (Nr. 53), dem Hôtel d'Avejan aus dem 18. Jahrhundert, das zu den schönsten Gebäuden in der verschlafenen **Rue de Verneuil** gehört. Es ist im Besitz des Centre National des Lettres, steht aber jedermann offen. Im Sommer können Sie hier im Garten unter einem Baldachin ein delikates leichtes Mittagessen zu sich nehmen.

⓯ Hinter den beiden monumentalen Bronzeskulpturen von Antoine Bordelle in der Rue de Lille steht das **Musée Nationale de la Légion d'Honneur,** das ganz der Geschichte des kleinen roten Bandes gewidmet ist, das Napoléon als höchsten französischen Orden eingeführt hat. Im Hôtel de Salm, in dem Madame de Staël im 18. Jahrhundert ihren politischen Salon führte, wird eine interessante Ausstellung von Orden und Ehrenzeichen gezeigt, darunter Napoléons Orden, sein Schwert und sein Brustharnisch. (Montagvormittag geschlossen.)

⓰ In dem von Victor Laloux entworfenen Gare d'Orsay, einem ehemaligen Kopfbahnhof, der die ganze Pracht des Fin de Siècle verkörpert, wurde nach Renovierung und Umbau 1986 das **Musée d'Orsay** eröffnet: eine Plattform für die Kunst von 1848 bis 1914, die somit die Lücke zwischen den Sammlungen des Louvre (siehe Seite 64) und denen im Centre Pompidou (siehe Seite 103) schließt. Das Museum hat die hervorragende Impressionistensammlung aufgenommen, die vordem im überfüllten Jeu de Paume untergebracht war. Zu den schönsten Stücken zählen Rodins *Höllentor, Le Déjeuner sur l'Herbe* von Manet, ein Selbstporträt von van Gogh und Renoirs *Le bal du Moulin de la Galette.* Besuchen Sie auch das Café hinter dem Zifferblatt der riesigen Bahnhofsuhr.

St Thomas d'Aquin.

St Germain-des-Prés bis Musée d'Orsay

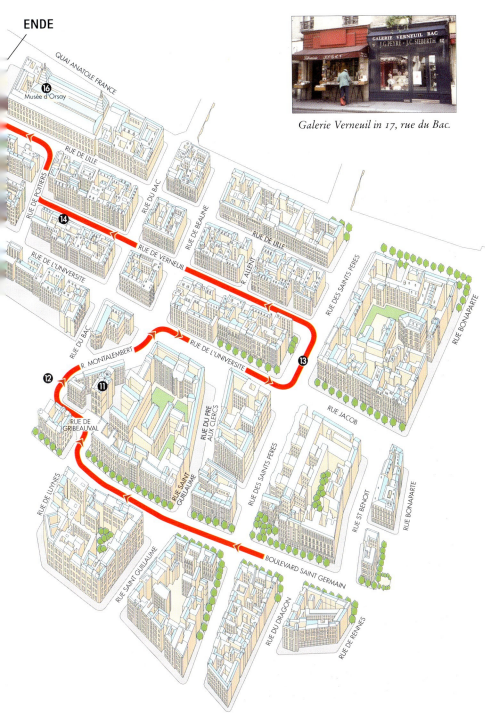

Galerie Verneuil in 17, rue du Bac.

Unverschämt schick: St Germain und Luxembourg

Badezimmerluxus.

Die »Literati« haben sich zwar von der Rive Gauche nie zurückgezogen, doch haben sich ihnen in den letzten Jahren die »Glitterati« zugesellt und das Gebiet zwischen Boulevard St Germain und Jardin du Luxembourg in ein Lifestyle-Paradies verwandelt. Die Geschäfte – und die Leute, die dort einkaufen – sind der Inbegriff modischen Schicks: Sie triefen geradezu vor Stil, Schönheit und heruntergespieltem Wohlstand. Die großen Namen wie Dior, Armani und Cartier haben sich alle an der Rive Gauche angesiedelt, aber für eingefleischte Shoppingfans sind nicht die Nobelketten, sondern die vielen kleinen Boutiquen dieser Gegend der größte Reiz. Ob Sie in großem Stil einkaufen gehen oder bloß einen Schaufensterbummel machen wollen, durch die gepflegten Straßen zu schlendern, ist ein reines Vergnügen: Überall sind tolle Fummel zu sehen, und auch die Leidenschaft der Pariserinnen für Schuhe und Handtaschen wird allseits offenkundig. Ein Kontrastprogramm dazu bietet der Besuch des Jardin du Luxembourg, einer 250 000 Quadratmeter großen Oase mit einem Café unter Bäumen, das an ein Gemälde von Renoir erinnert.

Das Palais du Luxembourg.

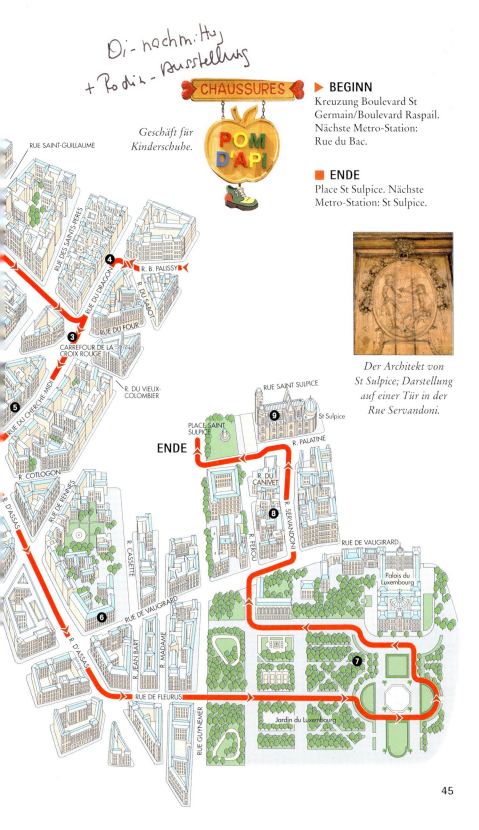

Di - nachmittag
+ Rodin - Ausstellung

▶ **BEGINN**
Kreuzung Boulevard St Germain/Boulevard Raspail. Nächste Metro-Station: Rue du Bac.

■ **ENDE**
Place St Sulpice. Nächste Metro-Station: St Sulpice.

Geschäft für Kinderschuhe.

Der Architekt von St Sulpice; Darstellung auf einer Tür in der Rue Servandoni.

Unverschämt schick: St Germain und Luxembourg

❶ Wählen Sie die ruhige Strecke zur Rue de Grenelle über den Boulevard St Germain (Beschilderung St Germain-des-Prés), dann rechts in die Rue de Luynes und am hübschen **Square de Luynes** vorbei. Sie überqueren den Boulevard Raspail und biegen dann rechts in die Rue de Grenelle ein. Unterwegs kommen Sie bei **Barthélémy,** einem der besten Käseläden von Paris, vorbei. In dem kleinen alten Geschäft verkaufen Damen in makellos weißen Kitteln vollendeten Käse, für den Monsieur Barthélémy kreuz und quer durchs Land gereist ist. Der *patron* erteilt von einem kleinen Kabuff aus gute Ratschläge. Touristen können sich ihren Käse in geruchssichere Tüten verpacken lassen. Nächstes Ziel ist die **Fontaine des Quatres Saisons,** die 1739 gebaut wurde, um die *haute bourgoisie* mit Wasser zu versorgen. Daneben liegt das **Musée Maillol.** In dem friedlichen, durch Steinmauern und Marmorböden erfrischend kühlen Gebäude sind

Werke des Bildhauers Aristide Maillol (1861–1944) ausgestellt, die sein Modell Dina Vierny gestiftet hat. Außerdem werden Wechselausstellungen gezeigt. (11–18 Uhr geöffnet, dienstags geschlossen.)

Essen auf dem Bürgersteig – La Petite Chaise.

❷ Gehen Sie ein Stück zurück und dann weiter die Rue de Grenelle entlang. Jenseits des Boulevard Raspail beginnt das exklusivste und schickste Einkaufsviertel von Paris. Hier finden Sie Modeschöpfer wie **Prada** und **Yohji Yamamoto** sowie **La Petite Chaise,** das älteste Pariser Restaurant aus dem Jahre 1680 (Tel. 01 42 22 13 35), mit stimmungsvollen Fresken in der Eingangshalle, gerammelt vollem Speisesaal und einem überaus freundlichen *patron.*

Das Café de la Croix Rouge.

❸ **Carrefour de la Croix Rouge** liegt im Herzen dieser Modeenklave und schmückt sich mit Kastanienbäumen und einem gut gebauten Zentauren mit einem Schweif aus Bürsten und Werkzeug. Vermutlich vom Einkaufsbummel erschöpft, empfiehlt sich eine Pause im immer gut besuchten **Café de la Croix Rouge.**

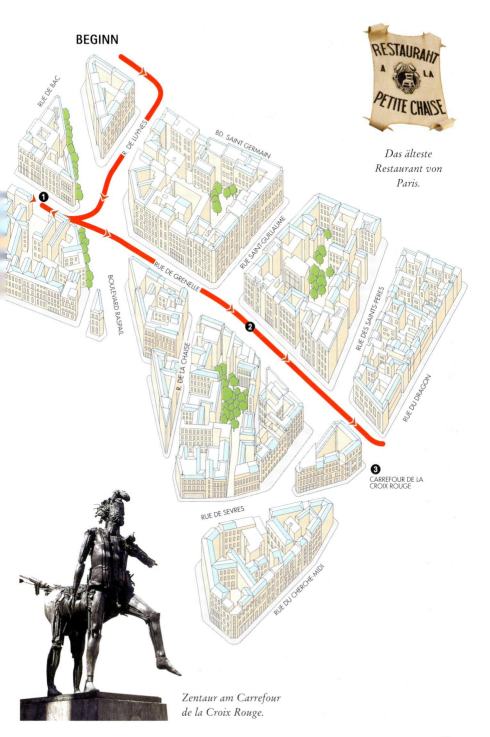

St Germain und Luxembourg

Das älteste Restaurant von Paris.

Zentaur am Carrefour de la Croix Rouge.

Unverschämt schick: St Germain und Luxembourg

In der Rue du Dragon.

❹ Über die **Rue du Dragon** mit Häusern aus dem 17. und 18. Jahrhundert kommen Sie in die **Rue Bernard-Palissy,** die sich seit jener Zeit kaum verändert hat. Die Editions de Minuit in Nr. 7 haben die Werke Samuel Becketts verlegt und den *nouveau roman* wesentlich gefördert.

❺ In der **Rue du Cherche-Midi** teilen sich interessante Boutiquen und Restaurants die schmale Straße. Reihen Sie sich bei **Poilâne** in die Warteschlange ein. In der berühmtesten *boulangerie* der Stadt, wo im Haus gebacken wird, gibt es nicht die allgegenwärtigen Baguettes, sondern *pain de poilâne*, große Fladen aus Sauerteig. An Sonntagen finden Sie den perfekten Belag für Ihr Brot auf dem **Marché Biologique** (siehe Seite 54).

Buntglasfenster bei Poilâne.

❻ Das **Institut Catholique de Paris** in der Rue d'Assas ist eine renommierte pädagogische Hochschule (1875 begründet) mit hübschem Innenhof. Um die Ecke, in der Rue Vaugirard, liegt das elegante kleine **St Joseph des Carmes,** das zu dem Gebäudekomplex des Instituts gehört. Hier stand vorher ein großes Karmeliterkloster mit ausgedehnten Gärten und wertvollen Kunstschätzen. Während der Revolution wurde es in ein Gefängnis umgewandelt, in dem 1792 115 Priester und drei Bischöfe umgebracht wurden. Ihre Körper wurden aus einem Massengrab im Garten exhumiert und werden seitdem dramatisch in der Krypta zur Schau gestellt. An der gegenüberliegenden Ecke, in der **Rue d'Assas Nr. 30,** wohnte Léon Foucault. Hier entwickelte er seinen berühmten Versuch, mit dem Pendel die Erdrotation zu beweisen (siehe Seite 35). Ein Abstecher führt Sie in die Rue de Fleurus Nr. 27 (Erdgeschoss), wo Gertrude Stein von 1903 bis 1937 lebte. An der Ecke können Sie sich bei **Christian Constant** mit Delikatessen für ein Picknick im Jardin du Luxembourg eindecken.

Hof des Institut Catholique de Paris.

St Germain und Luxembourg

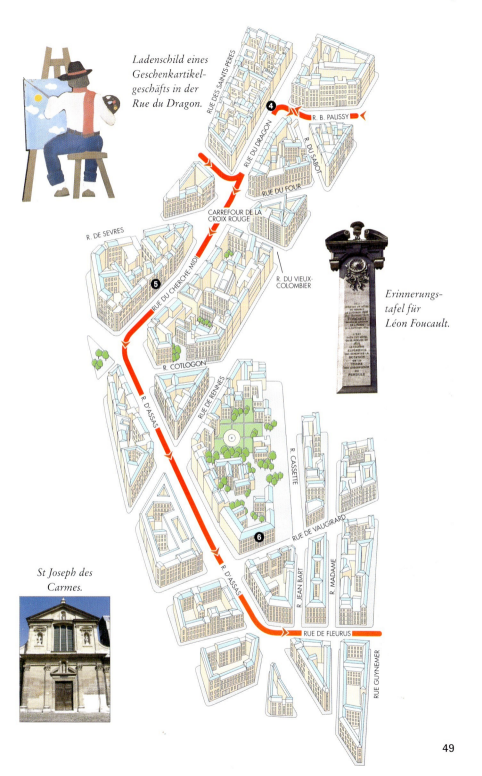

Ladenschild eines Geschenkartikelgeschäfts in der Rue du Dragon.

Erinnerungstafel für Léon Foucault.

St Joseph des Carmes.

Unverschämt schick: St Germain und Luxembourg

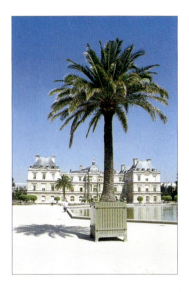

fahren, auf den Spielplatz gehen, Tennis oder Boule spielen; selbst eine Schule für Bienenzucht ist vorhanden. Am Rande des Parks liegt das **Palais du Luxembourg**, heute Sitz des französischen Senats. Es wurde für Maria de' Medici, die Witwe von Henri IV, erbaut und sollte sie an ihre Heimat Florenz erinnern.

❼ Der **Jardin du Luxembourg** bietet außer Picknick noch eine breite Palette an Vergnügungen: Sie können sich in den tiefen Schatten der romantischen **Fontaine des Médicis** oder das Gartencafé unter Kastanienbäumen zurückziehen oder in der Sonne liegen und die Kinder in Matrosenanzügen beobachten, die im Grand Bassin Modellboote schwimmen lassen, oder unter Spanischem Flieder eine Partie Schach spielen oder auf einem Esel reiten, Puppenspiele anschauen, Karussell

❽ Der Weg durch die **Rue Servandoni** via St Sulpice ist wirklich lohnend, insbesondere abends, wenn die nostalgischen kugelförmigen Straßenlaternen brennen. Die Tür von Haus Nr. 14 ist reich geschnitzt; das Medaillon rechts zeigt den Florentiner Giovanni Servandoni, leitender Architekt von St Sulpice, wie er den Plan für die Kirche enthüllt. Ein Stück weiter liegt das hervorragende Bistro **Au Bon St Pourçain** (Tel. 01 43 45 93 63), das von dem wachsamen, finster blickenden François geführt wird – einem echten Pariser Original.

Schnitzerei an der Tür in der Rue Servandoni Nr. 14.

Oben und links: im Jardin du Luxembourg.

St Germain und Luxembourg

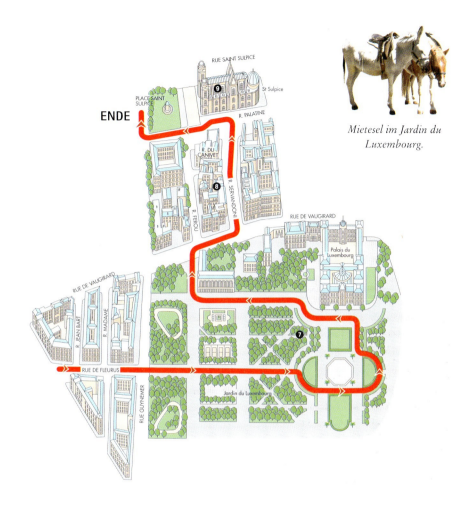

Mietesel im Jardin du Luxembourg.

❾ **St Sulpice** taucht ziemlich überraschend über einem Labyrinth enger Gassen auf. Die mächtige Kirche weist eine monumentale klassizistische Fassade mit unterschiedlich konzipierten Türmen auf. Schauen Sie sich im Inneren die leidenschaftlichen Wandbilder von Delacroix in der ersten Kapelle auf der rechten Seite an und suchen Sie die bronzene Meridianlinie auf dem Boden des Querschiffs. Erholen Sie sich im **Café de la Mairie,** einem Studenten- und Literatentreff auf der **Place St Sulpice,** und bewundern Sie die imposante **Fontaine des Quatres Evêques** (1844). Ganz in der Nähe finden Sie zudem Filialen von **Yves St Laurent** und **Christian Lacroix.**

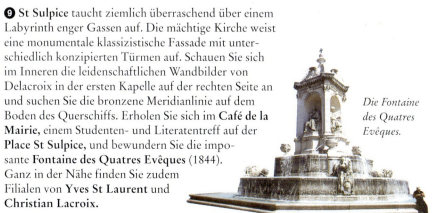

Die Fontaine des Quatres Evêques.

Prachtvolle Gärten und Palais: zu Les Invalides

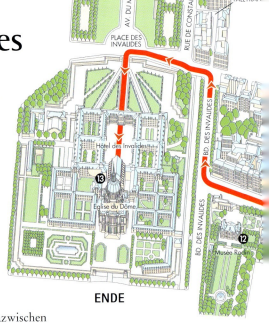

Der Kuss *von Rodin.*

Eher ein planloses Umherstreifen als eine zielgerichtete Route, führt dieser Weg auf der linken Seite der Seine aus dem schicken St Germain heraus und endet mit zwei Sehenswürdigkeiten ersten Ranges: dem Rodin-Museum und dem gewaltigen Invaliden-Komplex, der auf Befehl von Louis XIV, dem Sonnenkönig, von dem Architekten Libéral-Bruand als Militärkrankenhaus gebaut wurde. Dazwischen liegen entzückende, wenig bekannte Parks, vornehme Stadtpalais und zwei bemerkenswerten Heiligen geweihte Kirchen.

Blumen auf dem Square des Mission Etrangers.

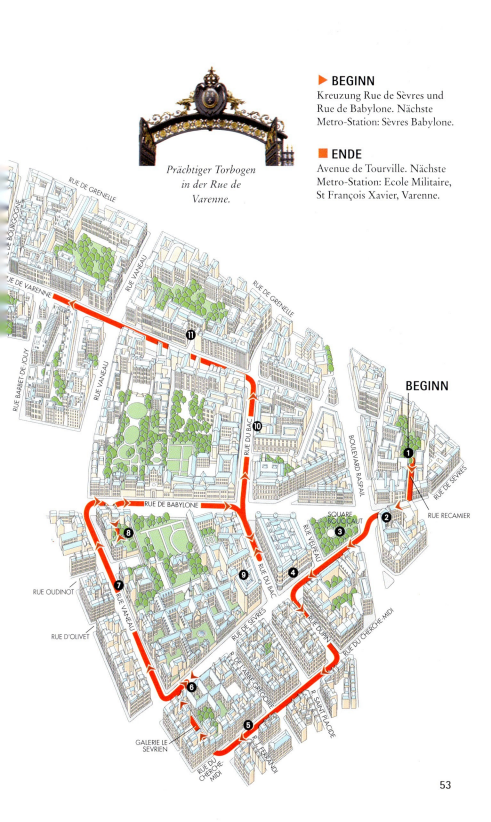

Prächtiger Torbogen in der Rue de Varenne.

▶ **BEGINN**
Kreuzung Rue de Sèvres und Rue de Babylone. Nächste Metro-Station: Sèvres Babylone.

■ **ENDE**
Avenue de Tourville. Nächste Metro-Station: Ecole Militaire, St François Xavier, Varenne.

Prachtvolle Gärten und Palais: zu Les Invalides

❶ Erstes Ziel ist der **Square Récamier** – benannt nach Madame Julie Récamier, deren Schönheit ebenso berühmt war wie ihre Intelligenz. Zu ihren geistreichen Salons in der nahe gelegenen Rue de la Chaise kamen Literaten wie Chateaubriand, Balzac und Hugo. Im **Le Récamier** werden gute traditionelle Gerichte und edle Burgunder aufgetischt (Tel. 01 45 48 86 58).

❷ Falls gerade Cocktailzeit ist, bietet sich ein Besuch in dem einem Ozeanriesen ähnlichen **Hôtel Lutétia** an. Die mahagonigetäfelte Bar ist ein gemütlicher Aufenthaltsort. Während des II. Weltkriegs war das Hotel Gestapo-Quartier, nach der Befreiung fanden hier Flüchtlinge aus den Konzentrationslagern eine Zuflucht. Der ausgezeichnete **Marché Biologique,** ein Bio-Bauernmarkt mit Direktverkauf zu allerdings großstädtischen Preisen, erstreckt sich sonntags in der Mitte des Boulevard Raspail bis zur Rue de Rennes. Dies ist der perfekte Ort, um sich mit den Zutaten für ein Picknick im Jardin Cathérine Labouré oder im Garten des Musée Rodin einzudecken (siehe Seite 58).

Hotel Lutétia.

Square Récamier.

Au Bon Marché.

❸ Der Garten auf dem **Square Boucicaut** gewährt eine kurze Atempause vom Straßenverkehr. Er erinnert an Aristide Boucicaut, der aus seinem kleinen Kurzwarenladen Au Bon Marché im 19. Jahrhundert das einzige Kaufhaus der Rive Gauche machte.

❹ **Au Bon Marché** (was es inzwischen nicht mehr ist) besteht aus zwei in Eisenskelettbauweise errichteten Gebäuden, an deren Entwurf zeitweise Gustave Eiffel mitgearbeitet hat. Laden eins ist ein eleganter Ort, um Bekleidung und Haushaltswaren zu kaufen, während in Laden zwei, **La Grande Epicérie,** Nahrungsmittel aller Art angeboten werden, darunter auch erlesene Spezialitäten aus Italien, England, Indien und Asien.

Köstliche Pfirsiche auf dem Marché Biologique.

Les Invalides

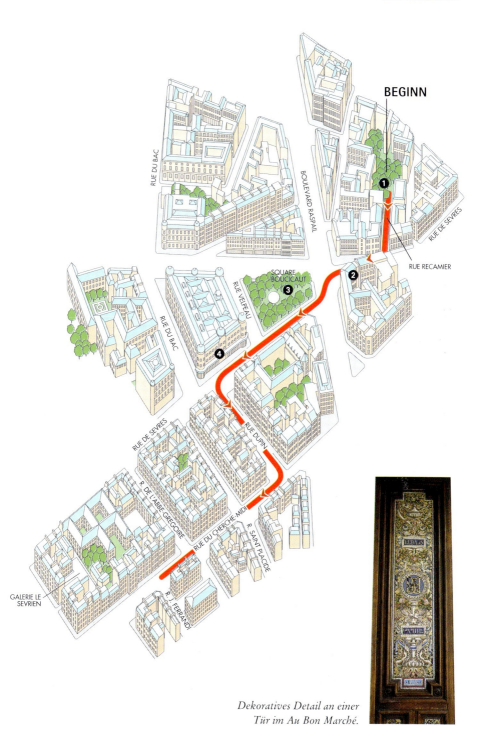

Dekoratives Detail an einer Tür im Au Bon Marché.

Prachtvolle Gärten und Palais: zu Les Invalides

❺ Die **Rue du Cherche-Midi** beherbergt viele kleine Restaurants und Bars. Beachten Sie das Perlmuttgeschäft Perlae, die alteingesessene *bûcherie*, die hübsche Eisenfassade aus dem 19. Jahrhundert an einem Café, die idyllischen Höfe und zwei schöne *hôtels particuliers* aus dem 18. Jahrhundert in Nr. 85 und 87. Das heruntergekommene Gebäude Nr. 85 beherbergt das **Musée Hébert** (vormittags und dienstags geschlossen), wo Werke eines heute weitgehend in Vergessenheit geratenen Künstlers ausgestellt sind. Machen Sie auch einen Abstecher in den Hof von Nr. 87, um einen Blick auf die Eingangshalle und das Treppenhaus zu werfen. Durch die Untergrundpassage Le Sévrien erreichen Sie die Rue de Sèvres.

Rue du Cherche-Midi Nr. 87.

❻ Jetzt kommen Sie zum ersten Heiligen, Vincent de Paul, der vor seinem Tod 1660 ein pikareskes Gelehrten- und Abenteurerleben führte, später wegen seiner Demut und Nächstenliebe aber selig gesprochen wurde. Gemeinsam mit Louise de Marillac gründete er die Töchter der Nächstenliebe, Gemeinschaften von Laienschwestern, die sich der Unterstützung der Armen und Kranken widmeten. Die reich geschmückte **Chapel Vincent de Paul** wurde 1826 erbaut. Die Buntglasfenster zeigen Szenen aus seinem Leben, und auf dem Altar thront, wie die Verzierung auf einer Hochzeitstorte, der Schrein, den der Silberschmied Odiot geschaffen hat.

❼ Die **Rue Vaneau** sieht auf den ersten Blick nicht besonders vielversprechend aus, birgt jedoch einige interessante Details. Beachten Sie beispielsweise das hübsche Interieur aus dem späten 19. Jahrhundert in der *boulangerie* an der Ecke Rue Oudinot oder den Eingang zu Nr. 50, hinter dem eine hübsche Sackgasse mit kleinen Häuschen zu Tage tritt, darunter eine pittoreske Schuhmacherwerkstatt.

Oben und links: das Musée Hébert.

Der Schrein von St Vincent de Paul.

Les Invalides

❽ Der **Jardin Cathérine Labouré** in der Rue du Bac ist ein idyllischer Zufluchtsort für die Anwohner und ideal für ein Picknick. Er liegt dort, wo früher der *potager*, der Gemüsegarten der Töchter der Nächstenliebe von St Vincent de Paul, lag (siehe vorherige Seite). Heute gibt es hier Obstbäume, akkurat angepflanzte Gemüsebeete, Linden und Weinreben sowie einen Kinderspielplatz.

Kürbisse im Jardin Cathérine Labouré.

Prachtvolle Gärten und Palais: zu Les Invalides

❾ Cathérine Labouré ist die zweite Heilige dieser Tour. In der Kapelle **Notre-Dame de la Médaille Miraculeuse** in der Rue du Bac (beim Bon Marché, den Sie ja schon kennen) wird ihre Geschichte erzählt. Sie war ein einfaches Bauernmädchen, das kurz zuvor zu den Töchtern der Nächstenliebe gestoßen war, als ihr 1830 zweimal die Heilige Jungfrau erschien. Bei einer dieser Erscheinungen wurde sie angewiesen, eine Medaille prägen zu lassen, die jenen, die sie tragen würden, »große göttliche Gnade« versprach. Seitdem sind Millionen solcher Medaillen geprägt und verkauft worden, und die Kapelle wurde zu einer Wallfahrtsstätte, mit dem Schrein der Heiligen als Zentrum der Verehrung.

❿ Schlendern Sie nun durch die Rue du Bac, eine geschäftige Einkaufsstraße. Unterwegs passieren Sie **The Conran Shop,** eine Niederlassung des schnieken Nahrungsmittelhändlers **Hédiard,** den kleinen öffentlichen **Square des Missions Etrangers** und prachtvolle Eingänge, hinter denen elegante private Gärten zu erahnen sind. **Au Babylone** (Tel. 01 45 48 72 13) in der Rue de Babylone Nr. 13 ist ein kleiner charmanter Familienbetrieb mit einfachem Essen. (Abends und Sonntagmittag geschlossen.)

Balzac *von* Rodin.

⓫ Sobald Sie in die **Rue de Varenne** kommen, dominieren die imposanten Fassaden der Prachtbauten wie das **Hôtel Matignon** (Nr. 57), die offizielle Residenz des Premierministers.

⓬ Das **Musée Rodin** in dem noblen Hôtel Biron aus dem 18. Jahrhundert (das Rodin von 1908 bis zu seinem Tod 1917 bewohnte) mit dem von Rosenduft erfüllten Garten verbindet auf ideale Weise Stadtpalais und Garten und präsentiert die wichtigsten Werke des Künstlers: *Der Kuss, Der Denker, Balzac* und andere. (Montags geschlossen.)

Der Denker *von* Rodin.

Les Invalides

Detail am Hôtel des Invalides.

❽ Die massive, aber harmonische Fassade des **Hôtel des Invalides**, 1675 als Militärkrankenhaus erbaut, mit der vergoldeten Kuppel der Eglise du Dôme im Hintergrund bietet ein eindrucksvolles Bild. Les Invalides beherbergt drei Militärmuseen. Im **Musée de l'Armée** ist Napoléons Niedergang dokumentiert. Zu sehen sind u. a. des Kaisers Porträt von Ingres, das einen verblühenden, blassgesichtigen Potentaten zeigt, und die Rekonstruktion seines Schlafzimmers auf St. Helena mit der bescheidenen Pritsche mit Baldachin, in dem er 1821 starb. In der **Eglise du Dôme**, einem Meisterstück der Architektur des 17. Jahrhunderts von Jules Hardouin-Mansart, fand Napoléon 1840 mit großem Pomp seine letzte Ruhestätte. Der zentral platzierter Sarkophag aus rotem Porphyr scheint jedoch eher für einen Riesen gemacht.

Die frisch vergoldete Eglise du Dôme.

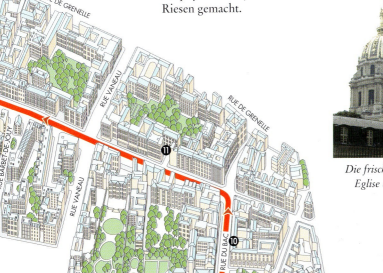

Imposante Kulisse: vom Louvre zum Arc de Triomphe

▶ **BEGINN**
Place du Palais Royal. Nächste Metro-Station: Palais Royal/Musée du Louvre.

■ **ENDE**
Arc de Triomphe. Nächste Metro-Station: Charles de Gaulle Etoile.

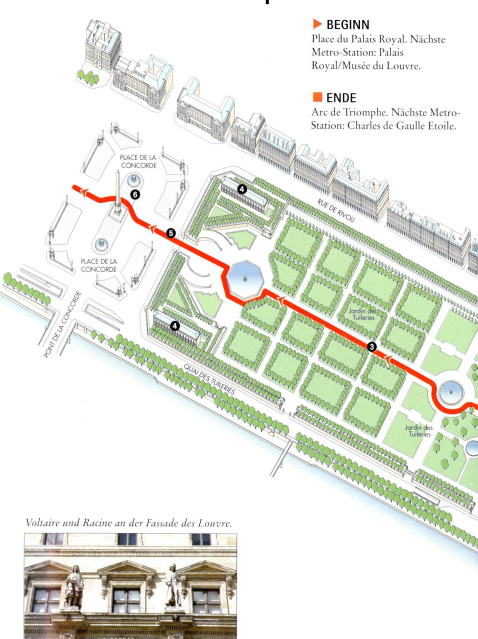

Voltaire und Racine an der Fassade des Louvre.

Für Legionen von Parisbesuchern ist dies der erste und vermutlich einzige Weg durch die Stadt. Trotz der vielen anderen Attraktionen, die Paris zu bieten hat, üben die Champs-Elysées eine enorme Anziehungskraft aus. Sie sind Bestandteil der zentralen Achse, die vom Louvre durch den Jardin des Tuileries über die Place de la Concorde, entlang der Avenue des Champs-Elysées zum Arc de Triomphe und weiter zur Grande Arche de la Défense verläuft, die 1989 im Rahmen von Präsident Mitterands *Grands Travaux* in dem Geschäftsviertel am Westrand der City entstanden ist.

Mediterranée *von Aristide Maillol im Jardin des Tuileries.*

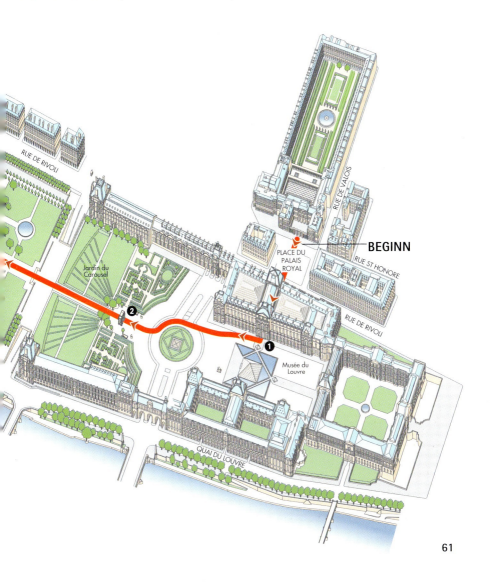

Imposante Kulisse: vom Louvre zum Arc de Triomphe

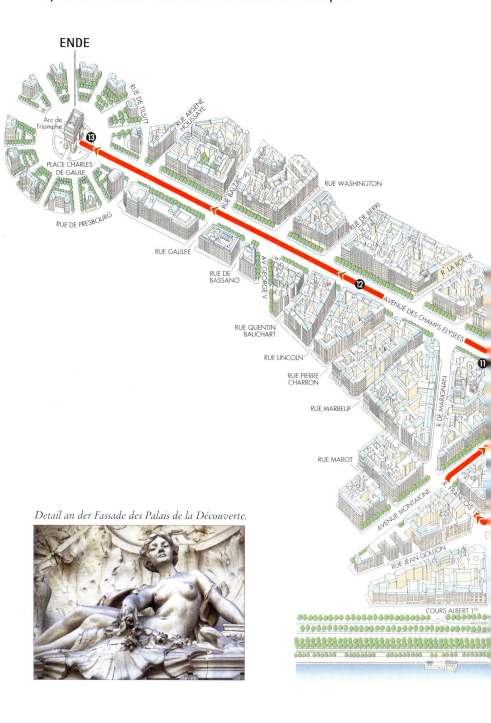

Detail an der Fassade des Palais de la Découverte.

Louvre bis Arc de Triomphe

Dieser Weg ist allerdings nichts für Kleinmütige, besonders wenn Sie sich entscheiden, mit dem Louvre zu beginnen und zum Schluss die Wendeltreppe mit den 282 Stufen auf den Arc de Triomphe zu erklimmen. Und zwischendurch gilt es, sicher durch den Straßenverkehr und die Menschenmassen zu kommen, die zum Einkaufen, Essen oder einfach zum Flanieren die Champs-Elysées bevölkern. Wenn es Ihnen zu viel wird, nehmen Sie einfach eine Metro oder einen Bus.

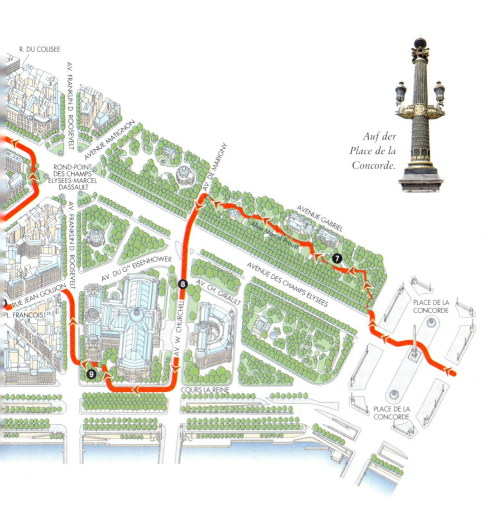

Auf der Place de la Concorde.

Imposante Kulisse: vom Louvre zum Arc de Triomphe

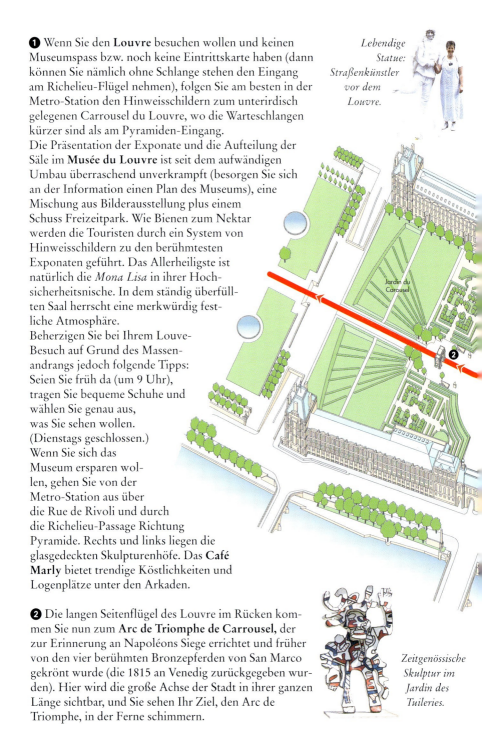

Lebendige Statue: Straßenkünstler vor dem Louvre.

❶ Wenn Sie den **Louvre** besuchen wollen und keinen Museumspass bzw. noch keine Eintrittskarte haben (dann können Sie nämlich ohne Schlange stehen den Eingang am Richelieu-Flügel nehmen), folgen Sie am besten in der Metro-Station den Hinweisschildern zum unterirdisch gelegenen Carrousel du Louvre, wo die Warteschlangen kürzer sind als am Pyramiden-Eingang.

Die Präsentation der Exponate und die Aufteilung der Säle im **Musée du Louvre** ist seit dem aufwändigen Umbau überraschend unverkrampft (besorgen Sie sich an der Information einen Plan des Museums), eine Mischung aus Bilderausstellung plus einem Schuss Freizeitpark. Wie Bienen zum Nektar werden die Touristen durch ein System von Hinweisschildern zu den berühmtesten Exponaten geführt. Das Allerheiligste ist natürlich die *Mona Lisa* in ihrer Hochsicherheitsnische. In dem ständig überfüllten Saal herrscht eine merkwürdig festliche Atmosphäre.

Beherzigen Sie bei Ihrem Louve-Besuch auf Grund des Massenandrangs jedoch folgende Tipps: Seien Sie früh da (um 9 Uhr), tragen Sie bequeme Schuhe und wählen Sie genau aus, was Sie sehen wollen. (Dienstags geschlossen.) Wenn Sie sich das Museum ersparen wollen, gehen Sie von der Metro-Station aus über die Rue de Rivoli und durch die Richelieu-Passage Richtung Pyramide. Rechts und links liegen die glasgedeckten Skulpturenhöfe. Das **Café Marly** bietet trendige Köstlichkeiten und Logenplätze unter den Arkaden.

❷ Die langen Seitenflügel des Louvre im Rücken kommen Sie nun zum **Arc de Triomphe de Carrousel,** der zur Erinnerung an Napoléons Siege errichtet und früher von den vier berühmten Bronzepferden von San Marco gekrönt wurde (die 1815 an Venedig zurückgegeben wurden). Hier wird die große Achse der Stadt in ihrer ganzen Länge sichtbar, und Sie sehen Ihr Ziel, den Arc de Triomphe, in der Ferne schimmern.

Zeitgenössische Skulptur im Jardin des Tuileries.

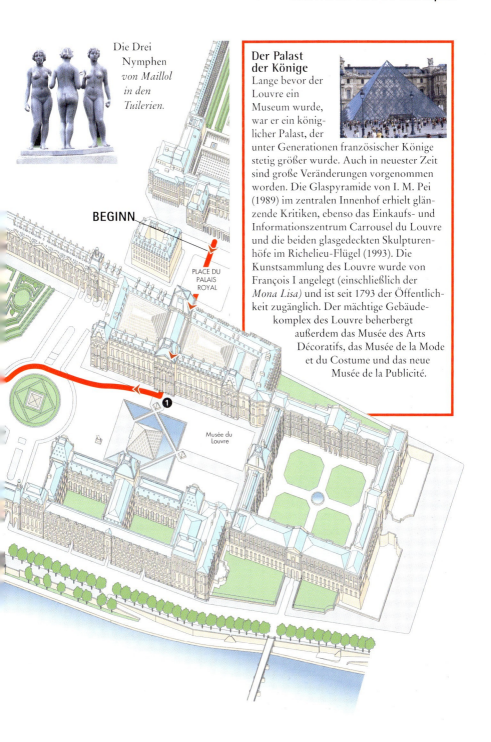

Louvre bis Arc de Triomphe

Die Drei Nymphen *von Maillol* in den Tuilerien.

Der Palast der Könige

Lange bevor der Louvre ein Museum wurde, war er ein königlicher Palast, der unter Generationen französischer Könige stetig größer wurde. Auch in neuester Zeit sind große Veränderungen vorgenommen worden. Die Glaspyramide von I. M. Pei (1989) im zentralen Innenhof erhielt glänzende Kritiken, ebenso das Einkaufs- und Informationszentrum Carrousel du Louvre und die beiden glasgedeckten Skulpturenhöfe im Richelieu-Flügel (1993). Die Kunstsammlung des Louvre wurde von François I angelegt (einschließlich der *Mona Lisa*) und ist seit 1793 der Öffentlichkeit zugänglich. Der mächtige Gebäudekomplex des Louvre beherbergt außerdem das Musée des Arts Décoratifs, das Musée de la Mode et du Costume und das neue Musée de la Publicité.

BEGINN

PLACE DU PALAIS ROYAL

❶

Musée du Louvre

Imposante Kulisse: vom Louvre zum Arc de Triomphe

❸ Ebenso anmutig wie streng symmetrisch, ist der **Jardin des Tuileries** mit seinen dekorativen Brunnen und Terrassen, den zahlreichen Statuen (darunter 18 Bronzen von Aristide Maillol) und interessanten Perspektiven ein äußerst angenehmer Ort für einen Spaziergang. Cafés laden zum Verweilen ein, man kann auf einem Esel reiten oder Spielzeugboote ausleihen. Von André Le Nôtre, dem Gartenarchitekten von Louis XIV, angelegt, war der Park eine perfekte Bühne zum Sehen und Gesehenwerden; so feierte hier der Sonnenkönig 1662 vor 15 000 Menschen mit einer prunkvollen Reiterparade die Geburt seines ersten Sohnes.

Der Obelisk.

❹ Die beiden Pavillons, die den Garten säumen, sind die **Orangerie** auf der linken und der **Jeu de Paume** auf der rechten Seite. Die Orangerie, zurzeit allerdings wegen Renovierung geschlossen, beherbergt eine Sammlung mit Monets *Seerosen* und anderen impressionistischen Werken, während im Jeu de Paume, das ursprünglich eine Tennishalle war, heute zeitgenössische Kunstausstellungen zu sehen sind.

❺ Verlassen Sie die Tuilerien durch die prunkvollen goldenen Tore mit den geflügelten Pferden von Coysevox. Auf dem Weg zur Place de la Concorde kommen Sie vielleicht an **La Grande Roue de Paris** vorbei, einem gigantischen Riesenrad, das zeitweise hier aufgebaut ist. (Täglich von 11 Uhr bis Mitternacht in Betrieb.)

❻ Die harmonisch proportionierte **Place de la Concorde,** die Mitte des 18. Jahrhunderts angelegt wurde, ist heute ein Opfer des Straßenverkehrs. Um den Platz von seiner schönsten Seite zu erleben, begeben Sie sich ins Zentrum und genießen die großartigen Blicke, die sich in alle Himmelsrichtungen auftun. Diesen Mittelpunkt, in dem alle Linien zusammenlaufen, bildet ein 3300 Jahre alter Obelisk aus Luxor, der im 19. Jahrhundert hier aufgestellt wurde, umgeben von Wasserspielen und Statuen. Ganz in der Nähe stand einst die Guillotine, wo während der Revolution 1119 Menschen geköpft wurden, darunter auch Louis XVI und Marie Antoinette. Eine angenehme Zufluchtsstätte auf Ihrem Weg rund um den Platz bietet die berühmte Bar des dezent-luxuriösen **Hôtel Crillon.**

Das Hôtel Crillon an der Place de la Concorde.

Louvre bis Arc de Triomphe

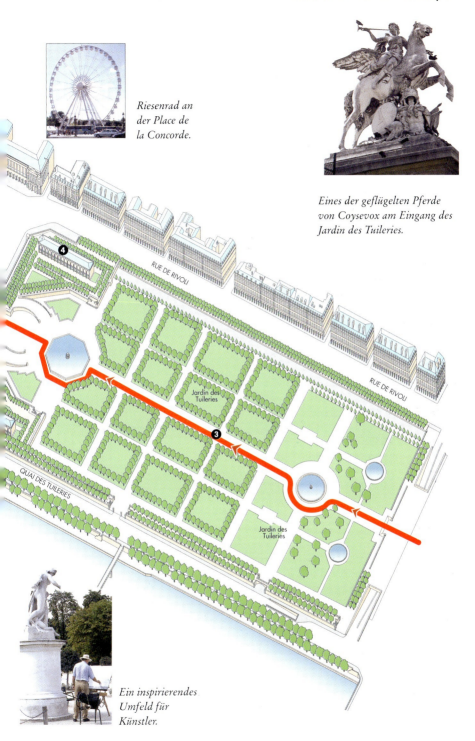

Riesenrad an der Place de la Concorde.

Eines der geflügelten Pferde von Coysevox am Eingang des Jardin des Tuileries.

Ein inspirierendes Umfeld für Künstler.

Imposante Kulisse: vom Louvre zum Arc de Triomphe

❼ Verlassen Sie die Champs-Elysées mit den steigenden *Rossen von Marly* von Guillaume Coustou an ihrem Anfang. Zu Ihrer Rechten führt ein Weg durch die **Jardins des Champs Elysées,** die Jacob Ignaz Hittorff 1838 anlegte. Hier spielte der junge Marcel Proust mit Marie de Bénardaky, einem der Vorbilder für die Gilberte in *A La Recherche du Temps Perdu.*

❽ Auf der Avenue Winston Churchill kommen Sie nun in den Teil von Paris, der nur für die Weltausstellung im Jahre 1900 angelegt wurde. Auf der einen Seite steht das mächtige **Grand Palais** mit Pferden und Streitwagen an seinen vier Ecken, gegenüber das **Petit Palais,** und vor Ihnen liegt der **Pont Alexandre III.** Das Grand Palais, eine von einer Kuppel aus Glas und Eisen überwölbte Hallenkonstruktion, ist nur im Rahmen von Ausstellungen zu besichtigen.

Das Petit Palais.

Das Petit Palais beherbergt das **Musée des Beaux-Arts de la Ville de Paris** mit ägyptischen und klassischen Skulpturen, dekorativer Kunst der Renaissance und einer Sammlung französischer Kunst aus dem 19. und frühen 20. Jahrhundert. (Montags geschlossen.)

Jugendstillaterne am Pont Alexandre III.

Louvre bis Arc de Triomphe

❾ Queren Sie den hübschen kleinen **Jardin de la Vallée Suisse** – eine Oase aus Felsen und Wasser – zur Avenue Franklin D. Roosevelt und dem Technikmuseum im **Palais de la Découverte** mit vielen interaktiven Ausstellungsstücken für Kinder. (Montags geschlossen.) Gegenüber liegt das wie ein Kreuzfahrtschiff gestylte Nobel-Restaurant **Lassere** (Tel. 01 43 59 53 43).

Relief am Palais de la Découverte.

❿ Biegen Sie nun in die Rue Jean Goujon ein, vorbei am unaufdringlichen **Luxushotel San Régis** und dann auf die elegante **Place François 1er**. Chez Savy in der Rue Bayard ist ein alteingesessenes Bistro, wo hervorragende Gerichte aus der Auvergne serviert werden (meiden Sie das Hinterzimmer; Tel. 01 47 23 46 98). Ein Stück weiter signalisiert die Präsenz von Christian Dior, dass Sie in der **Avenue Montaigne** sind – früher ein kümmerlicher Feldweg, der von Räubern heimgesucht wurde, heute das blasierte Herz der Pariser *haute couture*.

Das Restaurant Chez Savy.

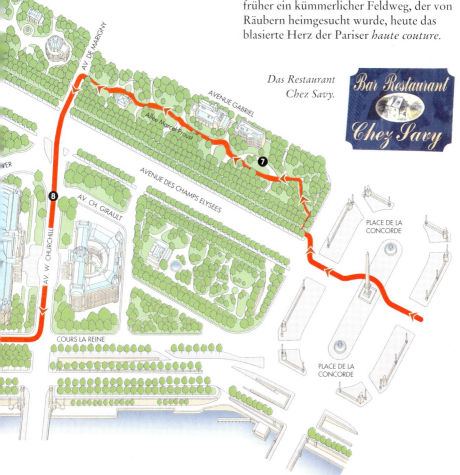

Imposante Kulisse: vom Louvre zum Arc de Triomphe

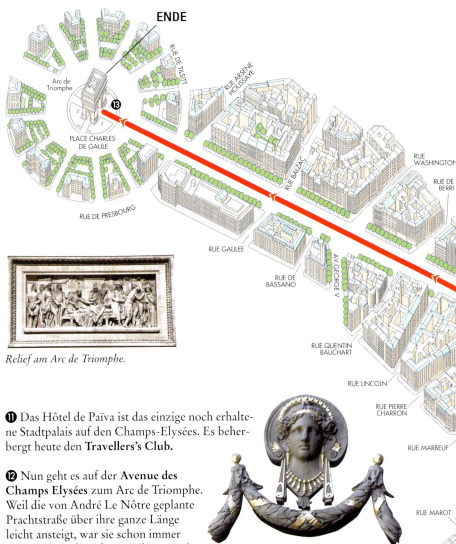

Relief am Arc de Triomphe.

❶ Das **Hôtel de Païva** ist das einzige noch erhaltene Stadtpalais auf den Champs-Elysées. Es beherbergt heute den **Travellers's Club.**

❷ Nun geht es auf der **Avenue des Champs Elysées** zum Arc de Triomphe. Weil die von André Le Nôtre geplante Prachtstraße über ihre ganze Länge leicht ansteigt, war sie schon immer eine ideale Kulisse für Paraden, von der feierlichen Rückführung der sterblichen Überreste Napoléons bis hin zu den Siegesparaden am Ende des Ersten und des Zweiten Weltkriegs. Hier finden auch die Feierlichkeiten zum Nationalfeiertag (14. Juli) und zum Jahrestag des Waffenstillstands 1918 (11. November) statt, und hier war das Zentrum der Pariser Millenniumsfeier. Unterwegs können Sie in einem Café aus der Belle Epoque, im **Ladurée** oder im **Le Fouquet's,** eine Pause einlegen oder sich im **Virgin Megastore** Karten für ein Konzert oder eine Show besorgen.

Detail aus der Belle Epoque am Café Ladurée.

Louvre bis Arc de Triomphe

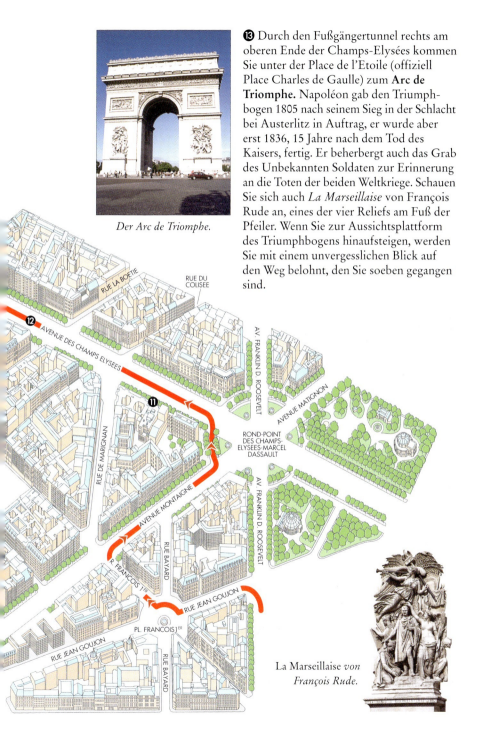

❶❸ Durch den Fußgängertunnel rechts am oberen Ende der Champs-Elysées kommen Sie unter der Place de l'Etoile (offiziell Place Charles de Gaulle) zum **Arc de Triomphe.** Napoléon gab den Triumphbogen 1805 nach seinem Sieg in der Schlacht bei Austerlitz in Auftrag, er wurde aber erst 1836, 15 Jahre nach dem Tod des Kaisers, fertig. Er beherbergt auch das Grab des Unbekannten Soldaten zur Erinnerung an die Toten der beiden Weltkriege. Schauen Sie sich auch *La Marseillaise* von François Rude an, eines der vier Reliefs am Fuß der Pfeiler. Wenn Sie zur Aussichtsplattform des Triumphbogens hinaufsteigen, werden Sie mit einem unvergesslichen Blick auf den Weg belohnt, den Sie soeben gegangen sind.

Der Arc de Triomphe.

La Marseillaise *von François Rude.*

Kunst und Natur: von den Champs-Elysées zum Parc de Monceau

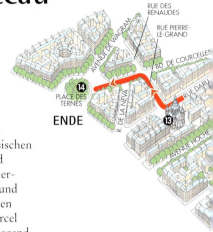

Wenn Sie von den Menschenmassen genug haben, sollten Sie den lärmenden Champs-Elysées den Rücken kehren und diesen ruhigen Weg durch die gediegenen Wohnviertel des 8. Arrondissements in Angriff nehmen. Hier finden Sie prächtige Häuser aus dem 19. Jahrhundert im Stil der französischen Renaissance oder des Barock und Rokoko, und Sie begegnen Kindermädchen mit ihren Schützlingen und Damen, die kleine Hunde spazieren führen – es ist eine Welt, wie Marcel Proust sie beschreibt. In diese Gegend kommen nur wenige Touristen, sie hat aber dennoch eine Reihe angenehmer Überraschungen zu bieten, so drei wunderschöne Museen und den poetischen Parc de Monceau. Machen Sie diese Tour am besten am Wochenende; im Park ist dann zwar etwas mehr los, aber da das Geschäftsviertel rund um die Grand Boulevards dann nahezu ausgestorben ist, ist es hier viel ruhiger als an Werktagen.

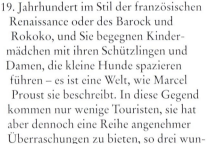

Statue im Parc de Monceau.

Wache vor dem Elysée-Palast.

▶ **BEGINN**
Avenue des Champs-Elysées/Ecke Avenue de Marigny. Nächste Metro-Station: Champs-Elysées Clemenceau.

■ **ENDE**
Place des Ternes. Nächste Metro-Station: Ternes.

Im Parc de Monceau.

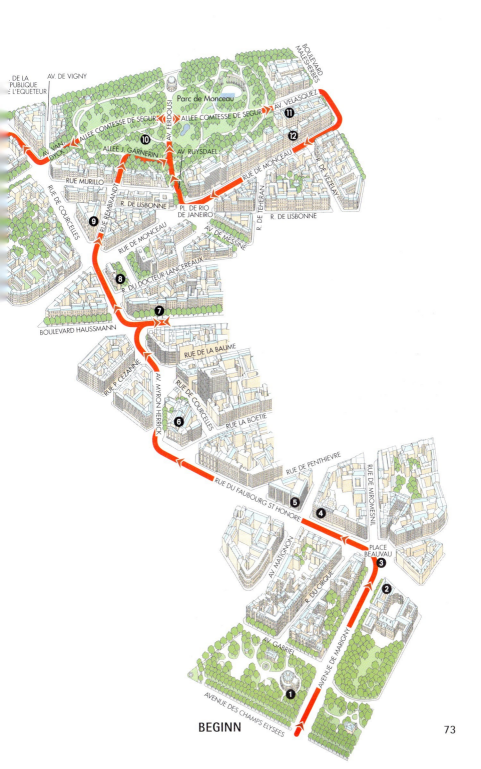

Kunst und Natur: von den Champs-Elysées zum Parc de Monceau

Das Hôtel Bristol.

❶ Das **Théâtre Marigny** wurde 1881 von Charles Garnier, dem Architekten der Pariser Oper, gebaut.

❷ Auf das vornehme **Palais de l'Elysée** können Sie nur aus der Ferne einen Blick werfen. Seit 1873 ist es die offizielle Residenz des französischen Präsidenten, doch einst war es das Zuhause von Madame Pompadour, der Mätresse von Louis XV, und später unterzeichnete Napoléon hier seine Abdankungsurkunde.

❸ Die Place Beauvau ist nach dem Marquis de Beauvau benannt, der im 18. Jahrhundert das **Hôtel Beauvau** bauen ließ. Heute ist darin das Innenministerium untergebracht und Sie können auch hier nur einen Blick durch das vornehme schmiedeeiserne Tor werfen. Beachten Sie auch die Rue de Saussaies, die noch im 18. Jahrhundert in einen Hain von Trauerweiden (auf Französisch *saussaie*) führte. Haus Nr. 11 war während des Zweiten Weltkriegs das Hauptquartier der Gestapo.

❹ Eines der Stadtpalais, die einst die prächtige **Rue du Faubourg-St Honoré** säumten, musste in den 1920er Jahren dem diskret-feudalen **Hôtel Bristol** weichen, das durch seine Nähe zum Elysée-Palast gerne von ausländischen Diplomaten und Würdenträger frequentiert wird. Es ist das wohl luxuriöseste Hotel in Paris (auf seinem Dach findet man einen Pool).

❺ Auf Grund der Auswahl fällt es schwer, sich von der Buchhandlung **Jullien Cornic** wieder loszueisen. Sie ist spezialisiert auf Bücher über Kunst, Mode und Innenarchitektur in verschiedenen Sprachen.

❻ Während Sie weiter der Rue Faubourg St. Honoré folgen, lässt die Häufigkeit der Haute-Couture-Boutiquen und Kunstgalerien, wofür die Straße bekannt ist (siehe Seite 87), immer mehr nach. Schließlich erreichen Sie die klassizistische Kirche **St Philippe-du-Roule**, die 1784 nach Plänen von Jean-François Chalgrin erbaut wurde, dem Architekten des Arc de Triomphe.

Das Hôtel Beauvau.

Champs-Elysées bis Parc de Monceau

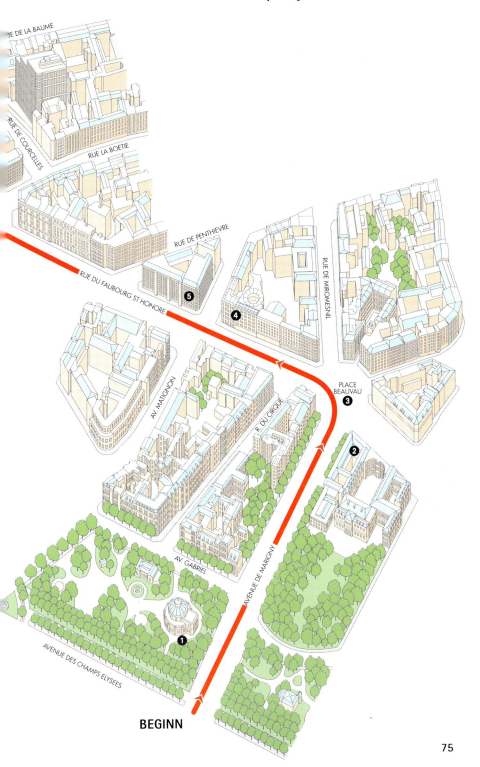

Kunst und Natur: von den Champs-Elysées zum Parc de Monceau

Das Musée Jacquemart-André.

❼ Der Weg führt nun zum Boulevard Haussmann. Im 19. Jahrhundert angelegt, war dies 1875 genau die richtige Adresse für einen Millionär wie den Bankier Edouard André. Dann heiratete er die Porträtmalerin Nélie Jacquemart– sehr zur Überraschung der Gesellschaft, denn sie war unscheinbar und von niedrigem Stand –, und gemeinsam bereisten sie ganz Europa auf der Suche nach exquisiten Gemälden, Skulpturen, Gobelins u. Ä., um das Hôtel André mit einer fantastischen Kunstsammlung zu füllen. Nélie hinterließ das Haus samt Inhalt dem Institut de France, und es blieb der Öffentlichkeit in Form des **Musée Jacquemart-André** erhalten (täglich geöffnet).

Im Erdgeschoss befinden sich ein runder Grand Salon, ein entzückender Wintergarten mit zweiläufiger Wendeltreppe und Gemälde von Rembrandt, Van Dyck, Hals, Boucher und Fragonard. Im ersten Stock brachte das Paar seine italienische Sammlung mit Werken von Botticelli, Mantegna und Cima di Conegliano unter. Besonders schön ist das Werk *St. Georg tötet den Drachen* von Uccello. Die prächtigen Schlafzimmer des Paares – und ein kleiner Raum, wo es gemeinsam das Frühstück einzunehmen pflegte – können ebenfalls besichtigt werden.

Seit seiner gründlichen Renovierung gehört das Musée Jacquemart-André zu den beliebtesten Museen von Paris. Das geschmackvolle Café im ehemaligen Esszimmer mit dem Deckengemälde von Tiepolo und Wandteppichen, die die Geschichte des Achilles erzählen, ist ein ausgefallenes Ambiente für eine leichte Mahlzeit.

Champs-Elysées bis Parc de Monceau

In der Rue de Courcelles.

❽ In der **Rue de Courcelles** Nr. 38 lebte Charles Dickens zeitweise mit seiner Familie. In Paris machte er mit Frankreichs literarische Größen Bekanntschaft – Chateaubriand, Dumas, Lamartine und Hugo.

❾ An der Ecke Rue de Courcelles/Rue Rembrandt erwartet Sie ein unerwarteter Anblick: ein rotes fünfstöckiges chinesisches Bauwerk mit Pagodendach. Es wurde 1922 von Monsieur Loo, einem chinesischen Antiquitätenhändler, gebaut. Der verstarb zwar 1957, doch die exklusive **C. T. Loo et Compagnie** führt immer noch von hier aus ihre Geschäfte. Die Rue Rembrandt bringt Sie anschließend in den verlockend grünen Parc de Monceau. Beachten Sie unterwegs die schönen Fenster von Haus Nr. 7, gebaut 1900, und Haus Nr. 1 mit der reich geschnitzten Haustür.

C.T. Loo et Compagnie.

Kunst und Natur: von den Champs-Elysées zum Parc de Monceau

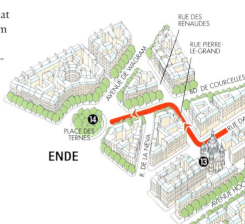

❿ Den kleinen, etwas spleenig im englischen Stil angelegten **Parc de Monceau** hat der Schriftsteller und Maler Carmontel im späten 18. Jahrhundert ursprünglich für den Duc d'Orléans entworfen. Die merkwürdigen Objekte, die über die ganze Anlage verstreut sind – Säulen, Obelisken, Bogengänge, antike Gräber und ein halbrunder korinthischer Säulengang –, sind Kuriositäten aus der damaligen Zeit. In der Mitte des Parks wurde ein künstlicher Felsenhügel mit Blumen und einem Wasserfall angelegt.

⓫ Verlassen Sie den Park an der Avenue Velasquez, um dem kleinem **Musée Cernuschi,** das der chinesischen Kunst gewidmet ist, einen Besuch abzustatten. Die Sammlung wurde von einem Mailänder Finanzier, einer schillernden Persönlichkeit, zusammengetragen, der sie – gemeinsam mit seiner schönen Villa – bei seinem Tod 1896 der Stadt Paris vermachte. Die Sammlung umfasst die chinesische Kunst seit prähistorischer Zeit und ist am besten mit einer hier gezeigten Tuschezeichnung aus dem 13. Jahrhundert, die einen Vogel auf einem Zweig darstellt, charakterisiert: humorvoll und schlicht und äußerst kultiviert. (Montags geschlossen.)

⓬ Um zum **Musée Nissim de Camondo** in einer Villa von 1912 zu gelangen, biegen Sie rechts in den Boulevard Malesherbes und dann wieder rechts in die Rue de Monceau ein. Das Gebäude ist voll gestopft mit Möbeln aus dem 18. Jahrhundert, Porzellan, Gemälden und *objects d'art*. Die kuriose Sammlung wurde von Moïse de Camondo zusammengetragen, einem jüdischen Finanzfachmann, der 1935 die Villa samt Inhalt der Nation vermachte – zur Erinnerung an seinen Sohn Nissim, der im Ersten Weltkrieg gefallen war. Die unwirkliche Stimmung verfliegt erst in der Küche mit dem – 1914 hochmodernen – gusseisernen Herd, dem Originalaufzug, in den Schlafzimmern von Moïse und Nissim (was für ein winziges Bett!) und dem blau-weiß gekachelten Badezimmer mit den originalen Armaturen. In einem kleinen Raum nebenan sind Familien-Erinnerungsstücke ausgestellt, darunter ergreifende Fotografien von Moïses Tochter, die mit ihrem Mann und zwei Kindern in Auschwitz umgekommen ist. (Montags und dienstags geschlossen.)

Ehrenmal für einen General in der Avenue Van Dyck.

Das vergoldete Tor des Parc de Monceau.

⓭ Sie bleiben auf der Rue de Monceau und gehen dann durch den Parc de Monceau zur Avenue Van Dyck.

Champs-Elysées bis Parc de Monceau

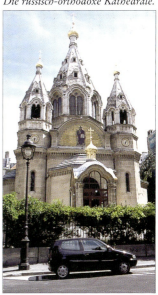

Die russisch-orthodoxe Kathedrale.

Werfen Sie noch einen Blick auf das großartige vergoldete Parktor und beachten Sie auch Haus **Nr. 5,** eine neobarocke Villa, die der Schokoladenfabrikant Emile Menier bauen ließ. Am Ende der Avenue Hoche sehen Sie in der Ferne den Arc de Triomphe. Biegen Sie rechts in die Rue de Courcelles und dann links in die Rue Daru ab. Hier steht die russisch-orthodoxe **Cathédral St Alexandre Nevsky** mit den fünf goldenen Kuppeln. In den Straßen rund um die Kathedrale ist ein russisches Viertel entstanden.

⓮ Bemerkenswert an der **Place des Ternes** sind die Blumenstände und die **Brasserie Lorraine,** wo vornehme Damen ihren Tee nehmen und überdurchschnittliche Brasseriekost in einem angenehm altmodischen Ambiente serviert wird (Tel. 01 42 27 80 04).

Sehen und gesehen werden: rund um die Grand Boulevards

Ein Hauch von Chanel scheint über den exklusiven Straßen zwischen Rue Royale und Place Vendôme zu liegen. Auf den Gehsteigen widerhallt das Klappern teurer Absätze, und Menschen in Designer-Outfit und mit blitzenden Diamanten verschwinden bei Cartier, Valentino, Ladurée, Lucas-Carton oder im Ritz. Die Haute-Couture-Läden, edlen Restaurants und exklusiven Hotels überschreiten die Mittel gewöhnlicher Sterblicher, und deshalb ist dieser Weg nur als Schaufensterbummel gedacht, nicht zum Shopping. Er führt aber auch durch den Teil der Stadt, den Baron Georges-Eugène Haussmann besonders stark geprägt hat. Haussmann war unter Napoléon III Präfekt des Département Seine. Er ließ die dreckigen, verwinkelten Gassen aus dem Mittelalter abreißen und ersetzte sie durch ein majestätisches Netz breiter Avenues und Boulevards. Als die acht Grand Boulevards zwischen Place de la Madeleine und Place de la République eröffnet wurden, waren die Geschäfte und Restaurants hier der Inbegriff modernen Schicks und die Boulevards avancierten schnell zu Sehenswürdigkeiten. Im 19. Jahrhundert nannte man die Dandys, die hier promenierten, *boulevardiers.* Heute locken die breiten Gehsteige, vor allem an Wochenenden, eine verrücktere Spezies an: die Inlineskater des 21. Jahrhunderts.

Die Colonne Vendôme.

▶ **BEGINN**
Rue Royale. Nächste Metro-Station: Concorde.

■ **ENDE**
Rue de Rivoli. Nächste Metro-Station: Concorde.

Sehen und gesehen werden: rund um die Grand Boulevards

❶ Die **Rue Royale,** im frühen 18. Jahrhundert angelegt, folgt der Linie der – schon damals nicht mehr existierenden – Stadtmauer von Louis XIII. Jacques-Ange Gabriel, der Architekt der Place de la Concorde, wurde beauftragt, die Fassaden der Prachtbauten einheitlich zu gestalten. In der Belle Epoque erblühte die Straße zum Mode-Mekka, und noch immer pilgern Menschen in Gucci-Outfits in die vornehmen Geschäfte, um hier Schmuck (Christofle), Porzellan und Glas (Bernardoud und Lalique), Blumen (Lachâume) und Designer-Kinderkleidung (Bonpoint) zu erstehen. Wahrzeichen und ehemals Treffpunkt der Glitzerwelt ist das Restaurant **Maxim's** in Nr. 3, einem Haus, das einst Richelieu gehörte. In Nr. 16 findet sich **Ladurée,** ein Teesalon mit erlesenem Fin-de-Siècle-Interieur.

❷ Der Weg führt nun durch zwei sehr unterschiedliche Passagen: zum einen **Le Village Royal** (Cité Berryer), wo früher ein Markt abgehalten wurde; 1994 entstand hier eine Enklave makelloser Häuser mit teuren Boutiquen und Cafés. Zum anderen die bezaubernd altmodische **Galerie de la Madeleine,** eine der überdachten Einkaufspassagen, wie sie im Paris des 19. Jahrhunderts aufkamen (siehe Seite 90).

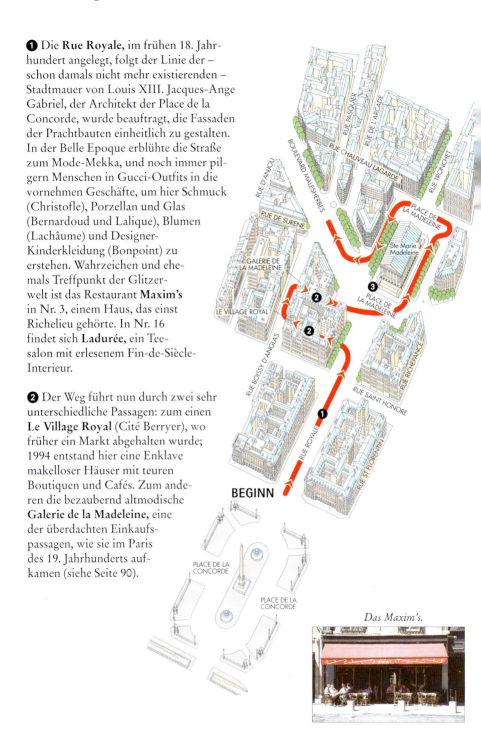

Das Maxim's.

Grand Boulevards

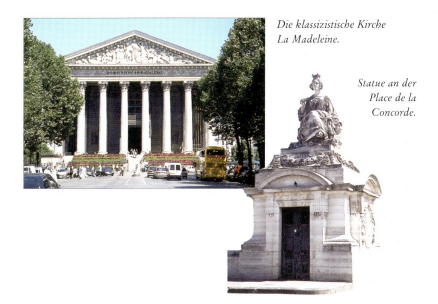

Die klassizistische Kirche La Madeleine.

Statue an der Place de la Concorde.

❸ Bevor Sie die Place de la Madeleine überqueren, sollten Sie noch einen Blick in das **Lucas-Carton** (Tel. 01 42 65 22 90) werfen. Das Restaurant wurde von Majorelle mit einem spektakulären Belle-Epoque-Interieur ausgestattet, und die Nouvelle Cuisine des legendären Küchenchefs Alain Senders wurde von Michelin mit drei Sternen dekoriert. Die Kirche Ste Marie-Madeleine, meist einfach **La Madeleine** genannt, beherrscht den Platz mit ihrem über eine Freitreppe erreichbaren Portikus. 1764 begannen die Bauarbeiten, doch erst 1842 wurde die Kirche geweiht. Das verschwenderisch mit Marmor ausgestattete und vergoldete Innere birgt einige sehenswerte Skulpturen. Am schönsten präsentiert sich die Kirche bei den viele Konzerten, die hier stattfinden. Vom Vorplatz aus können Sie jenseits der Place des la Concorde La Madeleines Pendant, das Palais Bourbon, sehen.

Linker Hand führen Stufen hinunter zu den schönsten **öffentlichen Toiletten** von Paris, die Porcher mit Jugendstilelementen herausgeputzt hat: mit polierten Mahagonitäfelungen und Buntglasfenstern mit Blumenmotiven. In der Nähe des Eingangs stehen die Stände eines kleinen Blumenmarktes. (Montags geschlossen.)

Die **Place de la Madeleine** ist ein Mekka für Gourmets und berühmt für ihre exklusiven Feinkostläden mit entsprechenden Preisen. Genießen Sie deshalb wenigstens die verführerischen Auslagen. Die gut besuchte Weinstube **L'Ecluse** mit dem hübschen Innenhof ist ein guter Platz für ein Mittagessen (Tel. 01 47 20 77 09).

Straßenlaterne an der Place de la Concorde.

Sehen und gesehen werden: rund um die Grand Boulevards

❹ Am **Boulevard Malesherbes,** einer der von Haussmann angelegten breiten Prachtstraßen, die strahlenförmig von der Place de la Madeleine ausgehen, lebte im späten 19. Jahrhundert ein Bürgertum, das seinen Reichtum mittels prächtiger Gebäude nur allzu gerne zur Schau stellt. In Nr. 6 beispielsweise die Familie des Cognacherstellers Martel.

❺ An der **Place St Augustin** vor der gleichnamigen Kirche (außerhalb des Kartenausschnitts) steht das Reiterstandbild einer leidenschaftlichen Jeanne d'Arc von Paul Dubois.

Reiterstandbild der Jeanne d'Arc auf der Place St Augustin.

❻ Brogniart, der Architekt der Börse (siehe Seite 90), schuf 1780 ein hübsches klassizistisches Kapuzinerkloster, das nach einem Zwischenspiel als Krankenhaus in eine Schule für die Kinder der berühmten Bewohner des Viertels wurde. Viele der Reichen und Mächtigen, von Haussmann bis zu Proust, weilten in den heiligen Hallen des **Lycée Condorcet.** Informieren Sie sich, ob nebenan in der hellen Passage, die zur ehemaligen Klosterkapelle **St Louis d'Antin** führt, gerade eine interessante Ausstellung stattfindet. Auf dem Weg zum Square Louis XVI über den Boulevard Haussmann können Sie sich in der Wiener Bäckerei **Paul** (Boulevard Haussmann Nr. 55) mit Delikatessen für ein Picknick eindecken.

❼ Der **Square Louis XVI,** ein ruhiger, grüner Park mit hohen Bäumen und vielen Bänken, bietet nach dem Getümmel auf den Boulevards willkommene Ruhe. Doch dieser Frieden täuscht über seine grausige Vergangenheit hinweg: Dies ist der Madeleine-Friedhof, wo Tausende von Opfern der Guillotine begraben sind, darunter Louis XVI und Marie Antoinette, deren Leichname kurz nach der Hinrichtung hierher gebracht wurden, wo dann Madame Tussaud heimlich ihre Totenmasken abnahm. Als Louis XVIII den Thron bestieg, ließ er die Gebeine in die Basilika St Denis überführen und zu ihrem Gedenken hier von Pierre Fontaine die **Chapelle Expiatoire** bauen. Die kleine runde Kapelle, nun ein königlicher Schrein, beherbergt Statuen der Toten, zu deren Füßen der erschütternde Text ihrer letzten Briefe eingraviert ist. Diese letzten Worte erlauben einen seltenen Blick auf die Menschen, nicht auf die Symbole königlicher Macht. Der Altar in der dunklen kleinen Krypta steht genau an der Stelle, wo man Louis' Körper fand. Die Gräber im Hof erinnern an die Mitglieder der Schweizer Garde, die 1792 beim Sturm auf die Tuilierien ums Leben kamen. (Donnerstag bis Samstag, 13–17 Uhr geöffnet.)

❽ Essen ist das Thema in der **Rue Vignon,** wo in Nr. 24 **La Maison du Miel** eine Riesenauswahl an Honig anbietet, beispielsweise Thymian-, Lavendel- und Eukalyptushonig, um nur einige Sorten zu nennen. Und in der rustikalen **La Ferme St. Hubert** gegenüber (Nr. 21) gibt es ein beeindruckendes Käseangebot (übersehen Sie die kitschigen Plastikfiguren im Schaufenster einfach).

La Maison du Miel in der Rue Vignon.

Grand Boulevards

Sehen und gesehen werden: rund um die Grand Boulevards

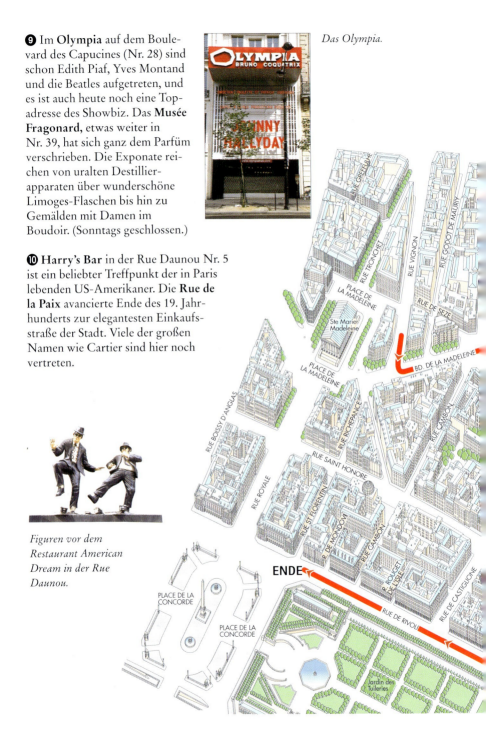

Das Olympia.

❾ Im **Olympia** auf dem Boulevard des Capucines (Nr. 28) sind schon Edith Piaf, Yves Montand und die Beatles aufgetreten, und es ist auch heute noch eine Topadresse des Showbiz. Das **Musée Fragonard**, etwas weiter in Nr. 39, hat sich ganz dem Parfüm verschrieben. Die Exponate reichen von uralten Destillierapparaten über wunderschöne Limoges-Flaschen bis hin zu Gemälden mit Damen im Boudoir. (Sonntags geschlossen.)

❿ **Harry's Bar** in der Rue Daunou Nr. 5 ist ein beliebter Treffpunkt der in Paris lebenden US-Amerikaner. Die **Rue de la Paix** avancierte Ende des 19. Jahrhunderts zur elegantesten Einkaufsstraße der Stadt. Viele der großen Namen wie Cartier sind hier noch vertreten.

Figuren vor dem Restaurant American Dream in der Rue Daunou.

Grand Boulevards

⓫ Selbst die Luft auf der **Place Vendôme** scheint erfüllt von den Düften, die den zahlreichen *parfumeries* entströmen. Der Platz, unter Louis XIV von Jules Hardouin-Mansart konzipiert, wird von wohl proportionierten Häusern gesäumt. Hier residieren heute Nobelketten wie Van Cleef & Arples, Chanel und Bulgari, und hier liegt auch das wohl berühmteste Hotel der Welt, das **Ritz** (Nr. 15). Im Zentrum steht die **Colonne Vendôme** mit einer Statue von Napoléon als römischer Imperator auf der Spitze. Sie wurde nach dem Vorbild der Trajanssäule in Rom gestaltet. Das spiralförmige Reliefband stellt Szenen aus der Schlacht bei Austerlitz dar.

Die Place Vendôme.

⓬ Alles, was die Gutbetuchten zum Wohlfühlen brauchen, gibt es in den glitzernden Passagen in der **Rue St Honnoré** und ihrer Verlängerung, der **Rue Faubourg-St Honoré.** Hier finden Sie u.a. Guerlain, Goyard, Cucci und etwas weiter westlich dann Escada, Hermès, Givenchy, Valentino, Dior, Ferragamo. J. P. Todd und Versace.

⓭ Einschusslöcher aus einer Schlacht zwischen Napoléons republikanischen Streitkräften und royalistischen Truppen, die 1795, nur ein paar Tage vor seiner Ernennung zum Oberbefehlshaber, stattfand, sprenkeln die Fassade der Kirche **St Roch.** Der Bau von Lemercier ist eine wahre Fundgrube für Kunstfreunde. Der Dramatiker Corneille, der Gartenarchitekt Le Nôtre und der Philosoph Diderot sind hier beigesetzt.

⓮ Die **Rue de Rivoli,** zwischen 1800 und 1835 als Promenade entstanden und das letzte Stück dieses Weges, ist hier eine elegante, einheitlich gestaltete Kolonnadeneinkaufsstraße, u.a. mit der alteingesessenen englisch-französischen Buchhandlung **Galignani** (Nr. 224), dem vornehmen Teesalon **Angelina** (Nr. 226), dem luxuriösen **Hôtel Meurice** (Nr. 228) und einer Filiale von **W. H. Smith** (Nr. 248).

Kommerz und Kultur: von der Börse zur Oper

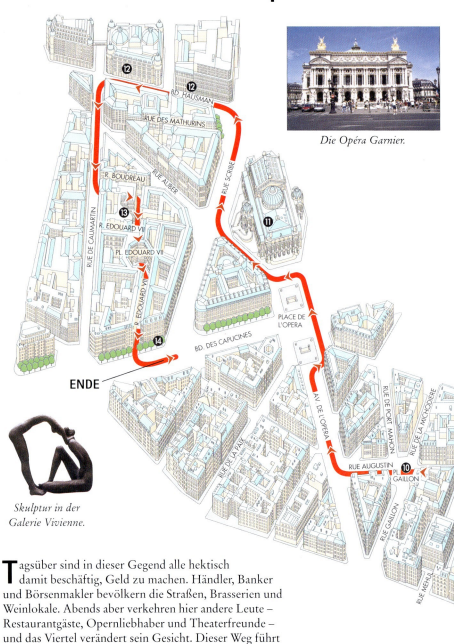

Die Opéra Garnier.

Skulptur in der Galerie Vivienne.

Tagsüber sind in dieser Gegend alle hektisch damit beschäftig, Geld zu machen. Händler, Banker und Börsenmakler bevölkern die Straßen, Brasserien und Weinlokale. Abends aber verkehren hier andere Leute – Restaurantgäste, Opernliebhaber und Theaterfreunde – und das Viertel verändert sein Gesicht. Dieser Weg führt durch die Straßen eines Bezirks, der Baron Haussmanns Neugestaltung der Stadt viel zu danken hat. Riesige

▶ **BEGINN**
Rue du Quatre Septembre.
Nächste Metro-Station: Bourse.

■ **ENDE**
Boulevard des Capucines.
Nächste Metro-Station: Opéra.

Prachtbauten, Monumente eines vergangenen Reichtums, konkurrieren um die Aufmerksamkeit des Betrachters – den ganzen Weg vom Palais de la Bourse zum Hôtel Scribe mit dem Hôtel du Crédit Lyonnais, der Bibliothèque Nationale, der Opéra Garnier und den Grand Magasins dazwischen. In vielen der gemütlichen kleinen *passages*, die deutlich älter sind als die meisten ihrer prunkvollen Nachbarn, scheint die Zeit stehen geblieben zu sein. Diese wenigen Überlebenden von Haussmanns radikaler Stadterneuerung sind ein faszinierendes Stück Geschichte.

Wächter vor dem Palais de la Bourse.

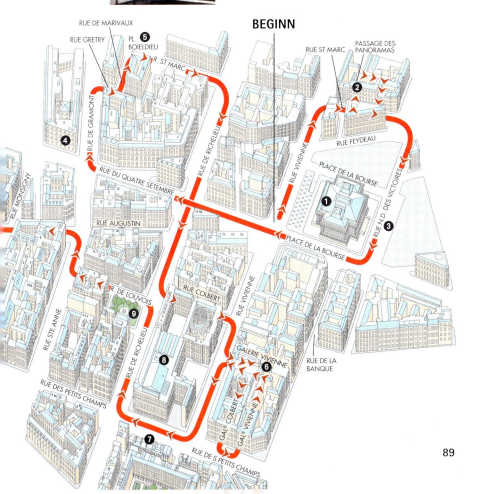

Kommerz und Kultur: von der Börse zur Oper

❶ Den besten Blick auf das **Palais de la Bourse** von Alexandre Théodore Brogniart hat man von der Kreuzung Rue Vivienne/ Rue de la Bourse. Napoléon hat es als einen Tempel des Kommerzes an der Stelle

Das Palais de la Bourse.

eines Klosters errichten lassen. Die Besichtigung ist nur im Rahmen einer organisierten Führung möglich (Tel. 01 49 27 55 55). Bleiben Sie auf der **Rue Vivienne;** das Eckhaus Nr. 29 beherbergt die mittags von Börsianern frequentierte Brasserie **Le Vauderville** (Tel. 01 40 20 04 62) aus dem Jahr 1925.

Schild an der Brasserie Le Vauderville.

❷ Im frühen 19. Jahrhundert waren sie der Inbegriff der Moderne überhaupt: Einkaufspassagen unter gewölbten Glasdächern mit einer Vielzahl eleganter Geschäfte und Teesalons, die das Einkaufen gesellig und bequem machten und die Kunden vor den Unbilden der Witterung schützten. Die **Passage des Panoramas,** die wohl berühmteste von ihnen, konnte zusätzlich mit einer besonderen Attraktion aufwarten: mit den von dem Amerikaner Robert Fulton erfundenen drehbaren *panoramas,* einem Vorläufer des Kinos. Nehmen Sie den Eingang in der Rue St Marc und erkunden das Labyrinth der Galeries St Marc, des Variétés, Montmartre und Feydeau, die sich,

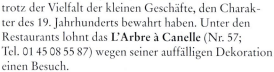

Altes Schild an einem Laden in der Passage des Panoramas.

Das Musée Grévin.

trotz der Vielfalt der kleinen Geschäfte, den Charakter des 19. Jahrhunderts bewahrt haben. Unter den Restaurants lohnt das **L'Arbre à Canelle** (Nr. 57; Tel. 01 45 08 55 87) wegen seiner auffälligen Dekoration einen Besuch.
Sie können den Weg jetzt erweitern, indem Sie am Ende der Passage über den Boulevard Montmartre (außerhalb des Kartenausschnitts) zum Wachsmuseum **Musée Grévin** gehen (außerhalb der Schulferien vormittags geschlossen) und anschließend durch die hübsche **Passage Jouffroy** – eine Verlängerung der Passage des Panoramas –, die dann in die **Passage Verdeau** übergeht.

Börse bis Oper

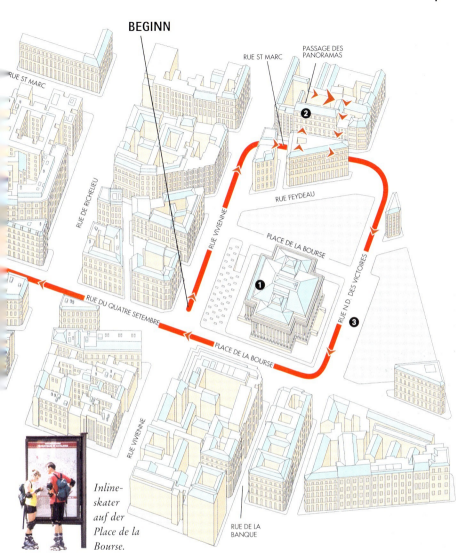

Inline-skater auf der Place de la Bourse.

❸ In der **Rue Notre Dame des Victoires** gibt es für jeden Geschmack und Geldbeutel das passende Restaurant. Das noble **Pile ou Face** in Nr. 52 (Tel. 01 42 33 64 33) ist für seine fantasievolle Küche bekannt. In der traditionellen Brasserie **Gallopin** (Tel. 01 42 36 45 38) in Nr. 40 hingegen werden seit 1876 in freundlicher Umgebung einfache Gerichte aufgetischt.

Rue des Colonnes.

❹ Folgen Sie der Rue du Quatre Septembre, vorbei an der **Rue des Colonnes** mit den schönen Arkaden (spätes 18. Jahrhundert), und dann rechts in die Rue Gramont zum **Hôtel du Crédit Lyonnais** (spätes 19. Jahrhundert), dessen Eisenskelett Gustave Eiffel konstruierte.

Kommerz und Kultur: von der Börse zur Oper

❺ Den besten Blick auf die kunstvoll gearbeitete Fassade der **Opéra Comique** (19. Jahrhundert) haben Sie von der Place Boieldieu. Das Opernhaus ist immer noch die wichtigste Spielstätte für leichte Opern und Operetten. Es wurde an der Stelle des Théâtre des Italiens errichtet, eines Stadtpalais, das dem Duc de Choiseul gehörte, und ist im 19. Jahrhundert zweimal niedergebrannt. Das aktuelle Gebäude stammt aus den Jahren 1894–1898 und wurde von Bernier gebaut.

Hommage à Jean-Paul Sartre vor der Bibliothèque Nationale.

❻ Mit den fein gearbeiteten Mosaikböden und den verführerischen Läden gehört die **Galerie Vivienne** zu den schönsten *passages*. Sie wurde, später als die meisten anderen, erst 1923 von F. J. Delannoy gebaut. Gleich rechts geht es in die im klassischen Stil gehaltene **Galerie Colbert** mit verschiedenen Ausstellungsräumen, einer interessanten Buchhandlung und dem Restaurant Le Grand Colbert, das perfekt dem Stil der Belle Epoque nachgebildet ist und überwiegend von Touristen besucht wird. Wenn Sie eine Pause brauchen, empfehlen wir das **A Priori Thé**, einen ansprechenden *salon de thé* in der Galerie Vivienne Nr. 35–37. Werfen Sie in Nr. 13 einen Blick durch das Fenster auf die Treppe mit dem schönen schmiedeeisernen Geländer – sie führt zu einer Reihe von Wohnungen.

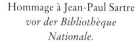

Die Galerie Colbert.

❼ In der Rue de Petit-Champs sollten Sie unbedingt in **Willi's Wine Bar** (Tel. 01 42 61 05 09) vorbeischauen. Das kultivierte Ambiente und die hervorragende Küche lockt die eleganten Großstädter hierher.

❽ Das massive Gebäude, das bis 2000 die **Bibliothèque Nationale** beherbergte, schuf Kardinal Mazarin im 17. Jahrhundert, indem er zwei seiner Stadtpaläste, Hôtel Tubeuf und Hôtel Chivry, miteinander verband. Obwohl nach Mazarins Tod wieder voneinander getrennt, wurden Teile der Gebäude zum Lager der königlichen Bibliothek, die sich im Laufe der Zeit zu einer der weltweit schönsten Sammlungen von Büchern, Handschriften, Karten, Drucken und Gedenkmünzen entwickelte. Seit 1537 musste von jedem Buch, das in Frankreich erschienen ist, hier ein Exemplar aufbewahrt werden. Im Jahr 2000, als die Bibliothek in ein neues Gebäude nach Tolbiac verlegt wurde (eines von Mitterands Großprojekten), mussten rund 10 Millionen Bücher und Zeitschriften umziehen. Im **Musée du Cabinet des Médailles et des Antiquités** ist die Medaillen-, Münz- und Schmucksammlung zu sehen, und in den Galerien **Mansart** und **Mazarin** werden Wechselausstellungen gezeigt. Außerdem sind die Fotogalerie **Rontonde Colbert** und – durch Glas geschützt – der runde Lesesaal von Henri Labrouste zu sehen.

❾ Der **Square Louvois** und die **Fontaine Louvois** von Visconti erinnern an den Minister von Louis XIV, dessen Stadtpalast hier in der Nähe lag.

Der Visconti-Brunnen auf dem Square Louvois.

Börse bis Oper

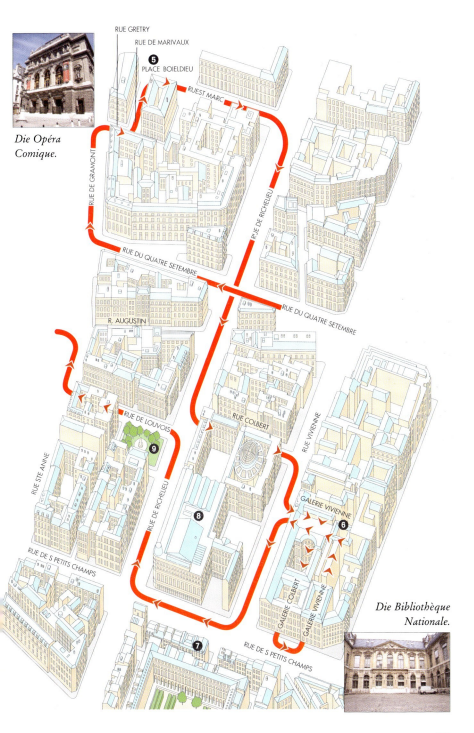

Die Opéra Comique.

Die Bibliothèque Nationale.

Kommerz und Kultur: von der Börse zur Oper

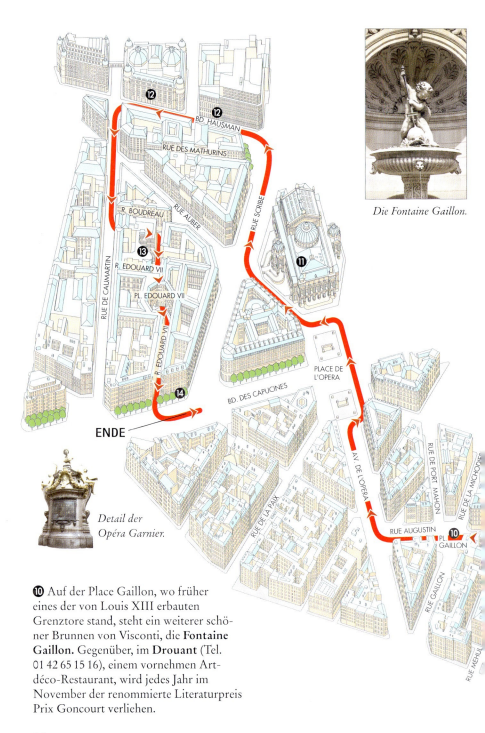

Die Fontaine Gaillon.

Detail der Opéra Garnier.

❿ Auf der Place Gaillon, wo früher eines der von Louis XIII erbauten Grenztore stand, steht ein weiterer schöner Brunnen von Visconti, die **Fontaine Gaillon**. Gegenüber, im **Drouant** (Tel. 01 42 65 15 16), einem vornehmen Art-déco-Restaurant, wird jedes Jahr im November der renommierte Literaturpreis Prix Goncourt verliehen.

Börse bis Oper

⓫ Am oberen Ende der Avenue d'Opéra finden Sie auf der linken Seite das beliebte **Café de la Paix** mit Original-Interieur aus dem 19. Jahrhundert von Charles Garnier. Setzen Sie sich an einen Tisch im Freien, und lassen Sie die Welt an sich vorüberziehen. Das Bauwerk, das die Pracht des Zweiten Kaiserreiches wie kein anderes repräsentiert, ist die **Opéra Garnier**. Sie hat die Verschönerungsaktion zum neuen Millennium überstanden und erstrahlt nun in nie da gewesener Pracht. Eine Fülle von Säulen, Friesen, vergoldeten Figuren und Büsten schmückt die reich verzierte Fassade und verleiht ihr einen Hauch von überschwänglicher Freude. Gehen Sie hinein und bestaunen Sie die großartige zweiläufige Marmortreppe und (nur im Rahmen einer Führung oder Vorstellung) den Zuschauerraum in Gold und rotem Samt sowie einem Deckengemälde von Chagall aus den 1960er Jahren.

Die Galeries Lafayette.

Durch den ehemaligen Privateingang des Kaisers gelangt man in ein Museum mit Partituren, Kulissenmodellen und Erinnerungsstücken wie Nijinskys Ballettschuhen.

⓬ Mit dem wachsenden Wohlstand des Bürgertums im frühen 20. Jahrhundert wuchs der Bedarf an adäquaten Einkaufsmöglichkeiten. Die Grand Magasins, die **Galeries Lafayette** und **Au Printemps**, sind das Resultat. In diesen Kaufhäusern in den eindrucksvollen Belle-Epoque-Bauten am Boulevard Haussmann, die sich über mehrere Blocks erstrecken, gibt es eine Riesenauswahl an Bekleidung, Haushaltswaren, Schmuck, Parfüm und Kosmetika.

Statue von Edward VII.

⓭ Der bombastische Jugendstilbau des **Théâtre de l'Athenée Louis Jouvet** und der versteckt liegende **Square de l'Opéra Louis Jouvet** sind nach dem meistgefeierten Schauspieler und Regisseur des Theaters benannt. Das Standbild in der Mitte des Platzes ist eine Hommage von Alexandre Falguière an Victor Hugo. Auch der nächste kleine Platz, die **Place Edouard VII,** besitzt ein Theater und ein Standbild von Paul Landowski, das den englischen König auf einem Pferd zeigt.

⓮ Der **Boulevard des Capucines Nr. 14** am Ende des Weges war am 28. Dezember 1895 Schauplatz eines wahrlich bewegenden Ereignisses: der ersten öffentlichen Vorführung bewegter Bilder – präsentiert von den Brüdern Lumière mithilfe ihrer Erfindung, des Kinematographen.

Vergangenheit und Moderne: vom Palais Royal nach Beaubourg

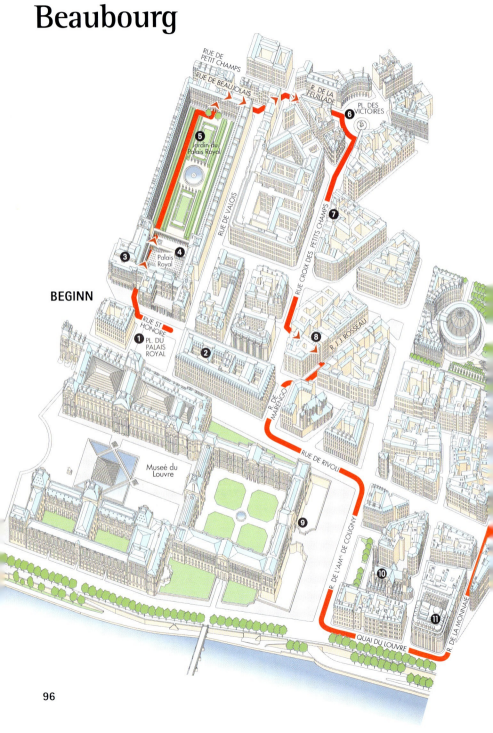

▶ **BEGINN**
Place du Palais Royal. Nächste Metro-Station: Palais Royal.

■ **ENDE**
Centre Pompidou. Nächste Metro-Station: Châtelet, Rambuteau.

Kunstvolles Detail einer Metro-Station.

D ies ist ein Weg voller Kontraste. Sie starten friedlich in einem vornehmen Garten aus dem 18. Jahrhundert und finden sich zum Schluss, zurückgeschubst in die Gegenwart, im turbulentfröhlichen Durcheinander von Les Halles und Centre Pompidou, das auch Beaubourg genannt wird, wieder. Unterwegs treffen Sie den Sonnenkönig, entdecken eine perfekt erhaltene Einkaufspassage aus dem 19. Jahrhundert, werden an ein furchtbares Massaker erinnert und erblicken von einem kaum bekannten Aussichtspunkt ganz Paris aus der Vogelperspektive – nicht in einer Warteschlange auf dem Eiffelturm, sondern mitten in der Stadt und umsonst.

Au Pied de Cochon.

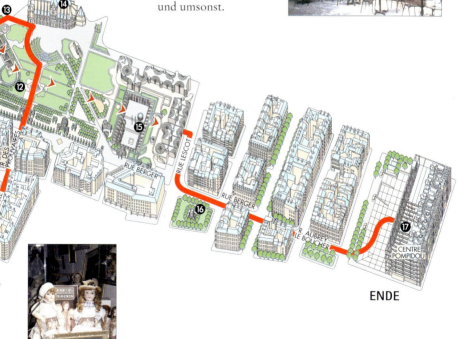

Alte Puppen bei Robert Capia.

97

Vergangenheit und Moderne: vom Palais Royal nach Beaubourg

Der Cour d'Honneur des Palais Royal.

❶ Die große asphaltierte Fläche vor dem **Palais Royal** ist am Wochenende ein beliebtes Aktionsfeld für Inlineskater. Das Palais, häufig umgebaut und heute Sitz des Conseil d'Etat, hat Kardinal Richelieu für sich selbst bauen lassen. Er hinterließ es der Krone, und so wuchs Louis XIV hier auf.

❷ Der **Louvre des Antiquités** ist ganz auf Antiquitäten, Kunst und *objects d'art* spezialisiert. Alles ist sehr teuer – und es wird grundsätzlich nicht gehandelt. (Montags geschlossen.)

❸ Im Foyer der **Comédie Française** ist der Stuhl ausgestellt, auf dem Molière sterbend zusammengebrochen ist – ironischerweise während einer Aufführung seines Stücks *Le malade imaginaire* (Der eingebildete Kranke). Hier werden noch heute die Werke des großen französischen Komödiendichters aufgeführt.

❹ Das Meer von nackten Stümpfen verschiedener Höhe auf der **Cour d'Honneur** des Palais Royal, die Präsident Mitterands Kulturminister Jack Lang 1986 bei dem Bildhauer Daniel Buren in Auftrag gab, spaltet die Geister.

❺ Der **Jardin du Palais Royal** mit seinen in den 1780er Jahren errichteten Arkadenhäusern, wird von einer schattigen Lindenallee durchschnitten und ist das vornehmste Freiluftareal in Paris. In den Arkaden werden wechselnde Skulpturen ausgestellt, es gibt ausgefallene Läden, ein Café und das berühmte Restaurant **Le Grand Véfour** (Tel. 01 42 96 56 27). Hier warb Napoléon um Joséphine, und hier war die Schriftstellerin Colette, die quasi nebenan in der **Rue de Beaujolais Nr. 9** wohnte, Stammgast. Man konnte sie oft schreibend an ihrem Platz mit Blick zum Garten sehen.

Zeitgenössische Skulptur im Jardin du Palais Royal.

Der Jardin du Palais Royal.

Palais Royal bis Beaubourg

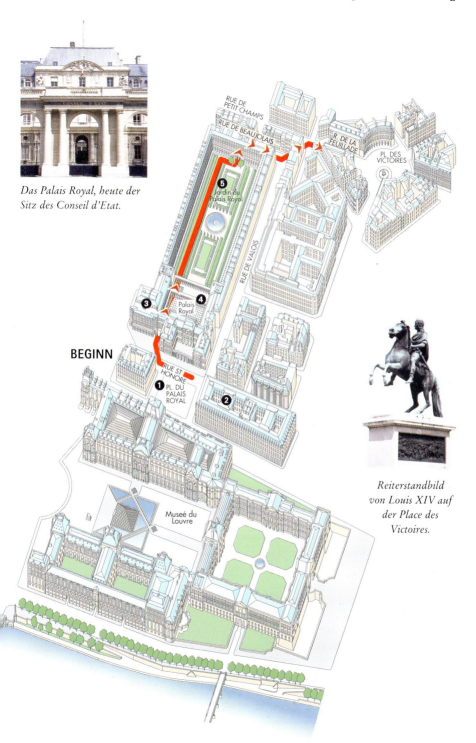

Das Palais Royal, heute der Sitz des Conseil d'Etat.

Reiterstandbild von Louis XIV auf der Place des Victoires.

Vergangenheit und Moderne: vom Palais Royal nach Beaubourg

❻ Wenn Sie die Rue Croix des Petits Champs entlanggehen, achten Sie auf die moderne **Passage des Deux Pavillons** zu Ihrer Rechten. Auf der **Place de Victoires** erhebt sich ein Reiterstandbild von Louis XIV aus dem Jahr 1822. Es ersetzt eine Statue, die während der Französischen Revolution zur Zielscheibe des Mobs wurde. Der Platz ist von teuren Designerboutiquen wie Thierry Mugler und Kenzo umringt.

❼ Der Weg führt nun an der **Banque de France** vorbei, die Napoléon gegründet hat. Das massive Gebäude ist von François Mansart, wurde aber mehrfach verändert; im frühen 18. Jahrhundert lebte hier der Comte de Toulouse, ein Sohn von Louis XIV und Madame de Montespan. Hinter der langweiligen Fassade aus dem 19. Jahrhundert (der einzige im ursprünglichen Zustand erhaltene Teil liegt an der Rue Vrillière und ist von der Place des Victoires zu sehen) liegt des Comtes luxuriöse, 50 m lange Galerie Dorée, die leider der Öffentlichkeit nicht zugänglich ist.

❽ In der wunderschönen **Galerie Véro-Dodat** scheint seit ihrer Eröffnung 1826 die Zeit stehen geblieben zu sein. Sie ist nach zwei Schlachtern benannt, die die Passage bauen und zu diesem Anlass die erste Gasbeleuchtung in Paris installieren ließen. In Haus Nr. 26 ist Robert Capias berühmter Laden für antike Puppen. (Sonntags geschlossen.)

❾ Sie überqueren die Rue de Rivoli und nähern sich der Seine. Bewundern Sie die majestätische **Colonnade de Perrault,** die den Ostflügel des Louvre bildet (siehe Seite 64). 1668 unter der Leitung von Claude Perrault entstanden, ist sie ein Musterbeispiel der klassizistischen französischen Architektur.

❿ Ein Kontrastprogramm dazu bildet die gotische Architektur auf der anderen Seite der Straße mit **St Germain l'Auxerre,** der Pfarrkirche des Louvre, als dieser Sitz des königlichen Hofes war. Es war die Glocke dieser Kirche, die am 24. August 1572 den Beginn der Bartholomäusnacht einläutete, in deren Verlauf 3000 Hugenotten im Schlaf ermordet wurden, die sich anlässlich der Hochzeit von Henri de Navarre und Marguerite de Valois in der Stadt aufhielten. Nach der Besichtigung der Kirche können Sie sich im jahrhundertealten eleganten *salon de thé* in der **Patisserie St Germain l'Auxerrois** an der Ecke stärken.

Rue de Rivoli.

Palais Royal bis Beaubourg

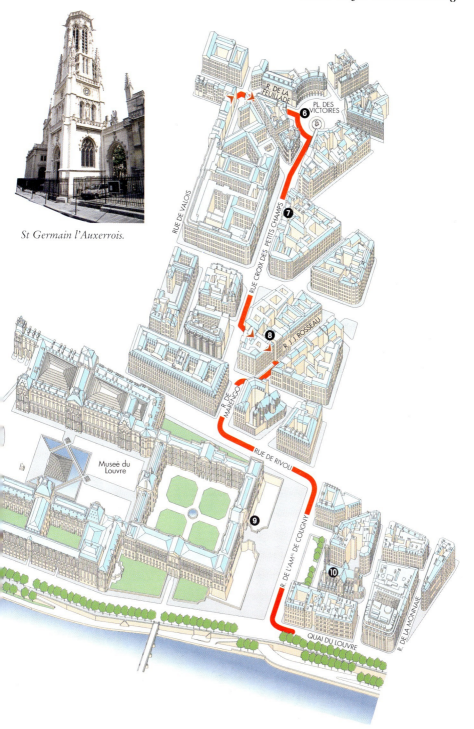

St Germain l'Auxerrois.

Vergangenheit und Moderne: vom Palais Royal nach Beaubourg

⓫ Das preiswerte Kaufhaus **La Samaritaine** bietet ein kostenloses Extra: Fahren Sie mit dem Aufzug in den 9. Stock und steigen Sie die Wendeltreppe hinauf auf das Dach, wo Sie ganz Paris überblicken (November bis April geschlossen). Eine Keramiktafel hilft bei der Orientierung. Im Stockwerk darunter befindet sich ein Café.

⓬ Die Umgebung wird Richtung St Eustache zunehmend schäbiger. Doch zuvor bietet der **Jardin des Halles** noch eine angenehme Unterbrechung und einen schönen Blick auf die Bourse du Commerce (die Warenbörse).

⓭ **Au Pied de Cochon** ist ein Überbleibsel aus der Zeit, als Les Halles der bedeutendste Großmarkt der Stadt war (er wurde an die Peripherie verlegt) und auch »der Bauch von Paris« genannt wurde. Damals wie heute war bzw. ist die Brasserie 24 Stunden am Tag geöffnet (Tel. 01 40 13 77 00).

⓮ Die Kirche **St Eustache,** die einen gotischen Grundriss mit klassizistischer Fassade und Renaissance-Innenleben vereint, belegt nur der Größe nach Platz zwei hinter Notre-Dame.

⓯ Betreten Sie das unterirdische Einkaufs- und Freizeitzentrum **Forum des Halles** durch den Eingang Porte du Jour und folgen der Beschilderung Porte Lescaut. Unter dem Forum liegt – in einer Art umgekehrter Pyramide – Châtelet-Les-Halles, die größte U-Bahn-Station der Welt.

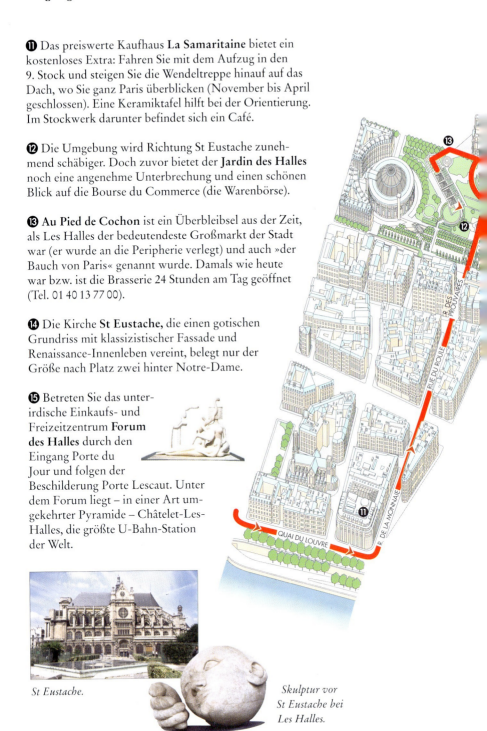

St Eustache.

Skulptur vor St Eustache bei Les Halles.

Palais Royal bis Beaubourg

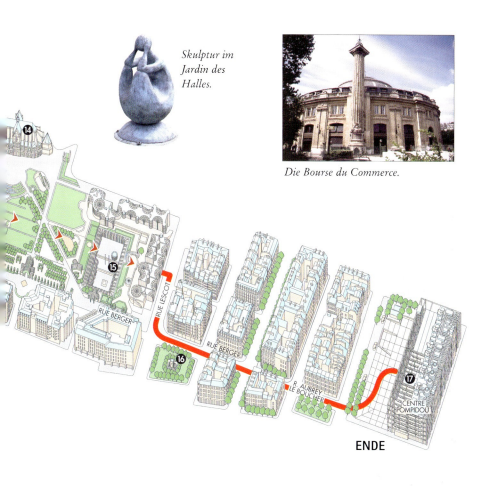

Skulptur im Jardin des Halles.

Die Bourse du Commerce.

ENDE

❶❻ In einer schäbigen Fußgängerzone kommen Sie schließlich wieder ans Tageslicht. Nächste Station des Wegs ist die hübsche **Fontaine des Innocents**.

❶❼ Das **Centre Pompidou** – bei seiner Eröffnung 1977 eine Sensation – musste bereits gründlich restauriert und umgebaut werden. Blickfang sind die nach außen verlegten Rolltreppen, Aufzüge und Leitungsrohre. Das **Musée National d'Art Moderne** mit seiner Sammlung von Werken aus dem frühen 20. Jahrhundert (in Ebene 5), darunter Arbeiten von Picasso, Braque, Matisse und Miró, ist ein absolutes Muss. Außerdem gibt es Wechselausstellungen, ein Kino, eine bedeutende Multimediabibliothek, ein Musiklabor und im obersten Stockwerk ein gepflegtes Café-Restaurant mit einem fantastischen Blick auf Paris.

Fontaine des Innocents.

Neue Pracht: das Marais

Ladenschild in der Rue François-Miron.

Dieser faszinierende und so ganz andersartige Bezirk wurde im 17. Jahrhundert auf einem sumpfigen Gelände *(marais)* angelegt und bald entstanden hier viele prächtige Palais für das Königshaus und den Adel. Der Niedergang während der Revolution kam plötzlich und war unvermeidlich, und erst in den 1960er-Jahren begann man sich wieder für die heruntergekommene vorrevolutionäre Architektur zu interessieren und den Bezirk zu sanieren. Inzwischen ist das Marais wieder quicklebendig. Einige der *hôtels* (Adelspalais) sind jetzt renommierte Museen, und in den Cafés und Edelboutiquen verkehrt ein junges Publikum. Der Weg führt Sie zu den wichtigsten Sehenswürdigkeiten des Marais, aber Sie müssen sich nicht sklavisch an die vorgegebene Route halten. Hier können Sie ebenso gut Ihren eigenen Weg suchen und abwarten, wo der Sie hinführt. Unterwegs sollten Sie gelegentlich einen Blick hinter offene Türen und in Innenhöfe werfen – es lohnt sich. Achten Sie auch auf alte Straßenschilder, Steinplatten und verzierte Portale. Und machen Sie den Weg möglichst nicht am Wochenende, dann ist das Viertel überlaufen.

▶ **BEGINN**
Rue de Rivoli an der Kreuzung mit der Rue François Miron. Nächste Metro-Station: St Paul.

■ **ENDE**
Place des Vosges. Nächste Metro-Station: St Paul, Bastille.

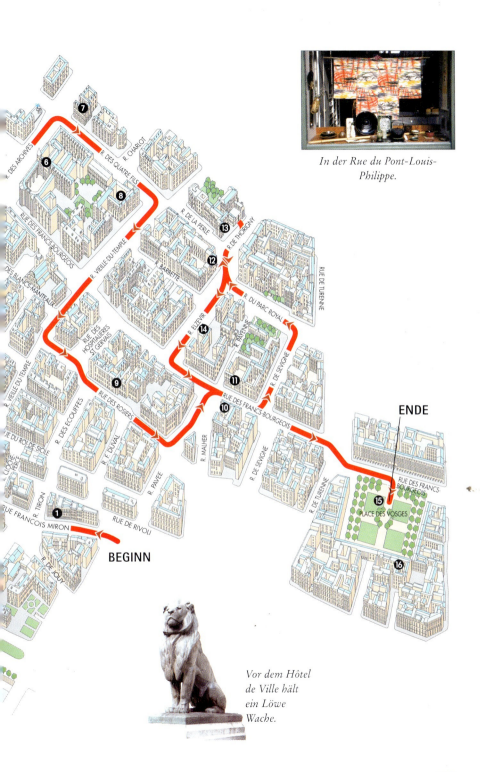

In der Rue du Pont-Louis-Philippe.

Vor dem Hôtel de Ville hält ein Löwe Wache.

Neue Pracht: das Marais

❶ In der **Rue François Miron** stehen gleich mehrere interessante alte Bauwerke. Nr. 68, das Hôtel de Beauvais, ist einer der letzten Palais des Marais, das noch nicht restauriert ist. Versuchen Sie, einen Blick in den prächtigen Hof zu werfen. Das Palais wurde für Cathérine Bellier gebaut, eine Mätresse des jungen Louis XIV und Hofdame seiner Mutter Anna von Österreich. Die Maison d'Ourscamp in **Nr. 44–46** besitzt ein schönes gotisches Kellergewölbe und ist Sitz einer Gesellschaft, die sich der Rettung der historischen Bausubstanz von Paris verschrieben hat. Die beiden schmalen, schiefen Fachwerkhäuser **Nr. 11 und Nr. 13** gehören zu den wenigen erhaltenen Bauwerken aus dem Mittelalter.

Mittelalterliche Häuser in der Rue François-Miron.

❷ Auf der schicken **Rue du Pont-Louis-Philippe** zu Ihrer Linken mit etlichen ebenso eleganten wie teuren Geschäften kommen Sie in ein interessantes Viertel nahe der Seine. Unterwegs wird in der Ferne überraschend das Panthéon sichtbar. Halten Sie sich an der Rue Grenier sur l'Eau links (zur Rechten eröffnet sich ein reizender Ausblick), vorbei an dem silbernen **Wallace-Brunnen** (siehe Seite 31). Rechts in der Rue Geoffreoy l'Asnier steht das **Mémorial du Martyr Juif Inconnu** von 1956 mit einem ewigen Licht zum Gedenken an die Opfer des Holocaust. Beachten Sie auch das schöne Portal des **Hôtel Chalons de Luxembourg** auf der anderen Straßenseite. Mehrere Restaurants stehen zur Wahl: etwa das preiswerte **Le Trumilou** (Quai de l'Hôtel de Ville; Tel. 01 42 77 63 98) oder das **Chez Julien** (1, rue du Pont-Louis-Philippe; Tel. 01 42 78 31 64).

Detail des Mémorial du Martyr Juif Inconnu.

Chez Julien.

❸ Die Stufen der hübschen **Rue des Barres** mit den zahlreichen Cafétischen hinauf, kommen Sie zu **Nr. 12**, der wohl schönsten Jugendherberge in Frankreich.

❹ **St Gervais-et-St Protais** wurde auf einem Hügel im Sumpfland errichtet. Sie können den Hintereingang in der Rue des Barres nehmen. Die Kirche strahlt eine große Heiterkeit aus, die auch das Verdienst der Bruderschaft von Jerusalem ist, eines Ordens von Nonnen und Mönchen, die halbtags arbeiten und dann gemeinsam ihre Andachten verrichten. Die Organisten der Kirche kamen über Generationen aus der Familie von François Couperin. Verlassen Sie die Kirche durch den Vordereingang mit der schönen klassizistischen Fassade.

Die hübsche Rue des Barres.

Marais

Portal des Hôtel Chalons de Luxembourg.

❺ An Werktagen kann man in der **Rue des Archives** bei der **Eglise des Billettes** das einzige noch erhaltene mittelalterliche Kloster und Kunstausstellungen besichtigen. In der **Maison Coeur** lebte im Mittelalter der Finanzier und Diplomat Jacques Coeur.

Gemütliches Café im Marais.

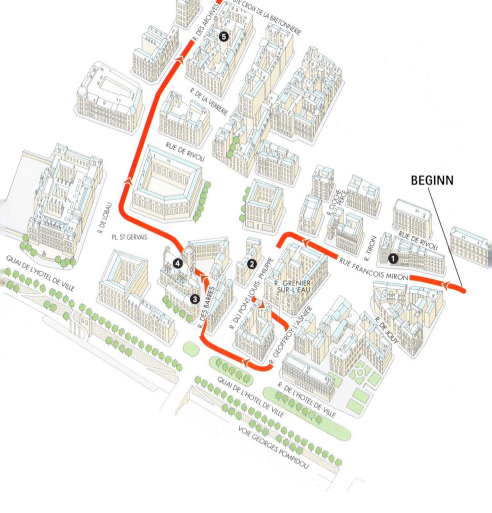

Neue Pracht: das Marais

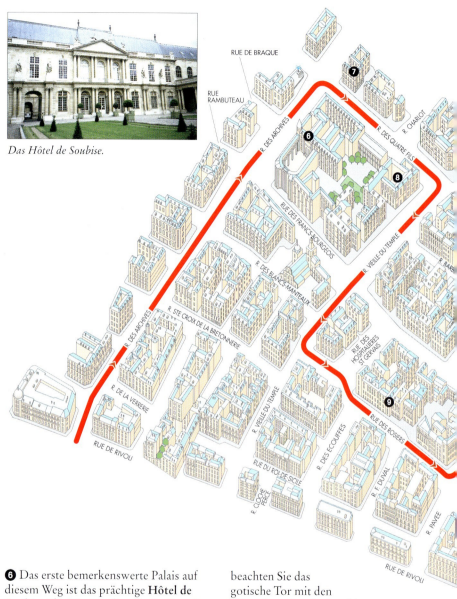

Das Hôtel de Soubise.

❻ Das erste bemerkenswerte Palais auf diesem Weg ist das prächtige **Hôtel de Soubise** (der Eingang liegt in der Rue des Francs-Bourgeois) – hier wird deutlich, wie nobel das Marais im 17. Jahrhundert gewesen ist. Es beherbergt heute die **Archives Nationales** und das **Musée de l'Histoire de France** (dienstags geschlossen). Zurück auf der Rue des Archives, beachten Sie das gotische Tor mit den Türmchen, das einzige Überbleibsel eines Herrenhauses aus dem 14. Jahrhundert, das dem berühmten Ritter Olivier de Clisson gehörte. An der Ecke Rue des Haudriettes steht die **Fontaine des Haudriettes** aus dem 18. Jahrhundert.

Marais

Gotischer Turm an einer Ecke der Rue des Francs-Bourgeois.

❼ In dem heiteren, wohl proportionierten **Hôtel Guénégaud** (von François Mansart) ist das der Jagd gewidmete **Musée de la Chasse et de la Nature** untergebracht. (Montags geschlossen.)

❽ Das **Hôtel de Rohan** (in dem ebenfalls Teile der Archives Nationales untergebracht sind) besitzt einen verlockenden Garten, der durch die hohen eleganten Fenster zu sehen ist. Überqueren Sie die Rue des Francs-Bourgeois (achten Sie auf den gotischen Turm an der Ecke), gehen Sie weiter bis zur Rue des Rosiers und dann links. Es sei denn, Sie wollen ein paar Schritte weiter in der Rue Vieille-du-Temple eine Pause einlegen. Sie haben die Wahl zwischen dem trendigen **Les Philosphes** (Nr. 28, bis 14 Uhr geöffnet), wo Sonntagvormittag ein Philosophenfrühstück angeboten wird, **Au Petit Fer à Cheval** (Nr. 30) mit hufeisenförmiger Bar, Keramikkacheln und Spiegeln und **La Belle Hortense** (Nr. 31), einer ruhigen Weinstube mit Buchhandlung, wo auch Ausstellungen stattfinden. Die Sackgasse **Rue de Trésor** erhielt diesen Namen, weil hier 1882 während Abrissarbeiten eine Kupfervase mit Goldmünzen aus dem 14. Jahrhundert gefunden wurde.

❾ Die schmale **Rue des Rosiers** ist das Herz des jüdischen Viertels der Stadt, das im 13. Jahrhundert entstanden ist. Es hat eine ganz spezielle Atmosphäre, ganz anders als die Patrizierpaläste in seiner Umgebung. Zu den Highlights gehören das Delikatessengeschäft **Sacha Finkelsztajn**

Das Restaurant Jo Goldenberg.

und das Restaurant **Jo Goldenberg** mit bunt gemischtem Publikum. Werfen Sie auch einen Blick in das **Café des Psaumes** und die koschere *boulangerie* nebenan in dem hübschen alten Geschäft aus dem 19. Jahrhundert (Nr. 16).

❿ Der schöne Lesesaal der **Bibliothèque Historique de la Ville de Paris** im **Hôtel de Lamoignon** ist Ihr nächstes Ziel. Achten Sie auf das Giebelfeld an der Fassade: Die Jagdsymbole verweisen auf Diana, die Göttin der Jagd, denn das *hôtel* ist für eine andere Diana, eine Tochter von Henri II, gebaut worden. Die **Rue Pavée** trägt ihren Namen, weil sie eine der ersten gepflasterten *(pavé)* Straßen von Paris war.

Neue Pracht: das Marais

❶❶ Als Nächstes lohnt in der Rue des Francs-Bourgeois ein Blick durch das Eisengitter in den schönen Garten des **Hôtel des Carnevalet** mit dem **Musée Carnevalet**, in dem der Geschichte von Paris nachgespürt wird. Hier lebte 1677 bis 1696 Madame de Sévigné, deren Briefe brillante Schilderungen über ihr Leben im Marais enthalten. (Montags geschlossen.)

❶❷ Das **Hôtel Libéral-Bruand,** das der Architekt von Les Invalides für sich baute, beherbergt das **Musée de la Serrure.** In den Kellergewölben erfahren Sie alles über die Entwicklung des Schlosserhandwerks. (Samstag, Sonntag und Montagvormittag geschlossen.)

❶❸ Zu den Highlights, nicht nur des Marais, gehört das **Musée Picasso** im **Hôtel Salé,** eine perfekte Mischung aus Picassos moderner Kunst und der Grazie eines

Das Musée Picasso.

Bauwerks aus dem 17. Jahrhundert. Die Sammlung, die dem französischen Staat nach Picassos Tod zur Tilgung von Steuerschulden überlassen wurde, umfasst sämtliche Schaffensperioden seines langen und kreativen Lebens. (Dienstag geschlossen.)

❶❹ Ein absolutes Kontrastprogramm bietet das **Musée Cognacq-Jay** im **Hôtel Donon,** das mit Exponaten aus dem 18. Jahrhundert voll gestopft ist – Gemälden, Porzellan, Möbel und *objects d'art*. Diese Sammlung gehörte Ernest Cognacq, dem Gründer des Kaufhauses Samaritaine, und seiner Frau Louise, die sie in den 1920er Jahren dem Staat vermachten.

❶❺ Es ist nicht nur die perfekte Symmetrie, die den ältesten Platz in Paris, die **Place des Vosges,** so anziehend macht. Es sind ebenso die weichen Farben des Backsteins und des Schiefers. Leider ist die Gartenanlage im Zentrum nur selten besonders friedlich. Das Karree flankieren das **Ma Bourgogne** (Tel. 01 42 78 44 64) und das **Hôtel Pavilion de la Reine** an der Nordseite.

Die Place des Vosges.

Marais

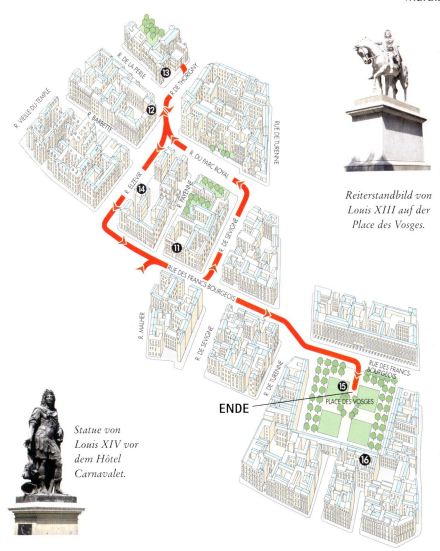

Reiterstandbild von Louis XIII auf der Place des Vosges.

Statue von Louis XIV vor dem Hôtel Carnavalet.

🕖 Die Harmonie der Place des Vosges lässt sich auch vom zweiten Stock der **Maison de Victor Hugo** aus sehr gut erkennen, in der der Dichter von 1832 bis 1848 lebte. 1903 entstand hier auf Anregung seines Freundes und Bewunderers Paul Meurice das Museum, zu dem Letzterer viele der Erinnerungsstücke und die extra in Auftrag gegebenen Gemälde beisteuerte. Dieses Museum lohnt einen Besuch schon wegen der Rekonstruktion des Salon Chinoise – eines Raums, den Hugo in dem Haus seiner Geliebten Juliette Drouet geschaffen hatte, das auf der Kanalinsel Guernsey nur ein paar Schritte von seinem eigenen Haus entfernt lag. (Montags geschlossen.)

Sturm auf die Galerien: Village St Paul und die Bastille

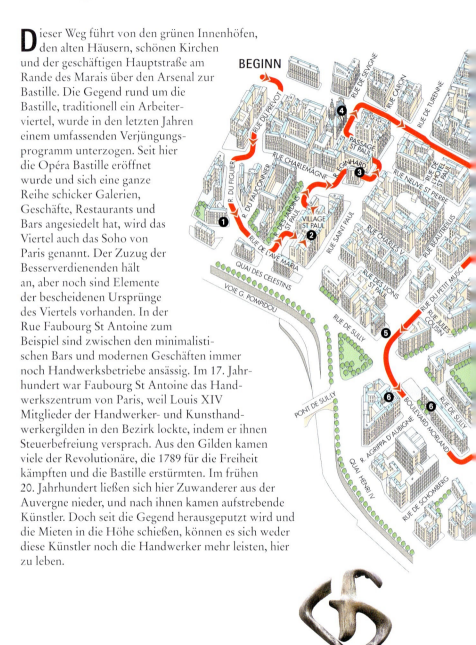

Dieser Weg führt von den grünen Innenhöfen, den alten Häusern, schönen Kirchen und der geschäftigen Hauptstraße am Rande des Marais über den Arsenal zur Bastille. Die Gegend rund um die Bastille, traditionell ein Arbeiterviertel, wurde in den letzten Jahren einem umfassenden Verjüngungsprogramm unterzogen. Seit hier die Opéra Bastille eröffnet wurde und sich eine ganze Reihe schicker Galerien, Geschäfte, Restaurants und Bars angesiedelt hat, wird das Viertel auch das Soho von Paris genannt. Der Zuzug der Besserverdienenden hält an, aber noch sind Elemente der bescheidenen Ursprünge des Viertels vorhanden. In der Rue Faubourg St Antoine zum Beispiel sind zwischen den minimalistischen Bars und modernen Geschäften immer noch Handwerksbetriebe ansässig. Im 17. Jahrhundert war Faubourg St Antoine das Handwerkszentrum von Paris, weil Louis XIV Mitglieder der Handwerker- und Kunsthandwerkergilden in den Bezirk lockte, indem er ihnen Steuerbefreiung versprach. Aus den Gilden kamen viele der Revolutionäre, die 1789 für die Freiheit kämpften und die Bastille erstürmten. Im frühen 20. Jahrhundert ließen sich hier Zuwanderer aus der Auvergne nieder, und nach ihnen kamen aufstrebende Künstler. Doch seit die Gegend herausgeputzt wird und die Mieten in die Höhe schießen, können es sich weder diese Künstler noch die Handwerker mehr leisten, hier zu leben.

Das Hôtel de Sully.

Brunnen in der Rue Charlemagne.

▶ **BEGINN**
Rue de Rivoli. Nächste Metro-Station: St Paul.

■ **ENDE**
Place de la Bastille. Nächste Metro-Station: Bastille.

Sturm auf die Galerien: Village St Paul und die Bastille

Das Hôtel de Sens.

❶ Hinter einer Biegung der Rue du Figuier erscheinen das blasse Mauerwerk und die schiefergedeckten Türmchen des **Hôtel de Sens** im Blickfeld. Im 14. Jahrhundert errichtet, wurde es zwischen 1475 und 1507 von Tristan de Salazar, dem Erzbischof von Sens, umgebaut. Er fügte gotische Elemente wie Burgverlies und Wachturm hinzu, um den Eindruck einer befestigten Burg zu erwecken. Es beherbergt heute die **Bibliothèque Forney**. (Sonntag, Montag sowie Dienstag bis Freitag vormittags geschlossen.)

❷ Die Rue des Jardins St Paul führt an einem Schulhof vorbei, der an der Rückseite von einem 70 m langen Stück der alten Stadtmauer aus dem Jahr 1190 begrenzt wird – dem größten erhaltenen Teil der alten Verteidigungsanlagen von Paris. Bei Nr. 10–14 ist der Eingang in die **Village St Paul,** eine Reihe ineinander übergehender gepflasterter Höfe mit einem bunten Gemisch von Werkstätten, Galerien, Antiquitätenhandlungen und Läden für Kunsthandwerk. Bei schönem Wetter verlagern die Händler den Verkauf ins Freie, in den Höfen herrscht dann die lebendige Atmosphäre eines Straßenmarkts. (Dienstag und Mittwoch geschlossen.)

❸ Vorbei an dem hübschen Brunnen (1840) in der Rue Charlemagne hinter der Kirche St Paul-St Louis gelangen Sie in die **Rue Eginhard,** eine jüdische Enklave aus dem 19. Jahrhundert. In dem Garten auf der linken Seite erinnert ein anrührendes Denkmal an einen Vater und seine drei Söhne, die in Auschwitz ums Leben kamen. In der **Rue St Paul** drängen sich Restaurants und Antiquitätenläden. Wenn Sie eine Stärkung brauchen, testen Sie die preiswerte italienische **Trattoria L'Enoteca** (25, rue Charles-V; Tel. 01 42 78 91 44) oder **Le Rouge-Gorge** (Nr. 8; Tel. 01 48 04 75 89), eine angenehme Café-Bar (außerhalb des Kartenausschnitts).

Blechschild aus einem Trödelladen in der Village St-Paul.

❹ Die schmale Passage de St-Paul führt zu der Jesuitenkirche **St Paul-St Louis**, die nach dem Vorbild von Il Gesù in Rom gebaut wurde. Die meisten der Kunstschätze gingen während der Revolution verloren. Über den Hauptausgang kommen Sie in die **Rue St Antoine,** eine geschäftige, bodenständige Einkaufsstraße. Nr. 62 belegt das **Hôtel de Sully,** ein Bau der Spätrenaissance von Jean Androuet de Cerceau, der auch das entzückende **Hôtel de Mayenne** in Nr. 21–23 gebaut hat.

Village St Paul und Bastille

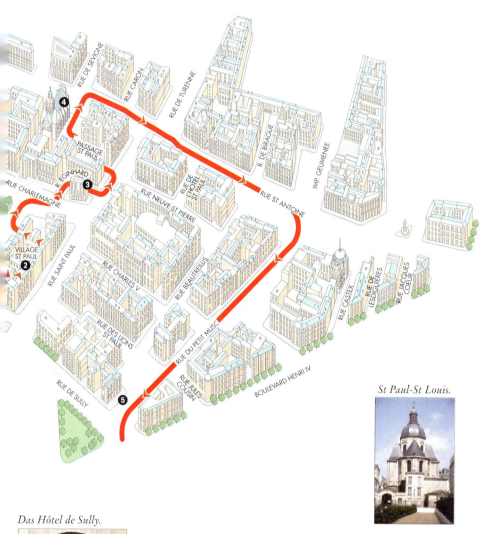

St Paul-St Louis.

Das Hôtel de Sully.

❺ Auf dem *quai* am Ende der Rue du Petit Music, einer schmalen Straße abseits des Trubels, steht das **Hôtel Fieubet** (spätes 16. Jahrhundert), sehenswert wegen der barocken Fassade. Das Palais war ein Geschenk für Gaspard Fieubet, den Kanzler von Königin Marie-Thérèse, der die Innenausstattung Jules Hardouin-Mansart übertrug. Gegenüber auf dem **Square Henri Galli**, einer Oase der Stille inmitten des Verkehrsgewühls, liegen ein paar Stücke der Bastille, die während der Bauarbeiten für die Metro in der Rue St Antoine gefunden wurden.

Sturm auf die Galerien: Village St Paul und die Bastille

❻ Eine faszinierende Ausstellung zur Geschichte und Architektur von Paris ist im **Pavillon d'Arsenal** zu sehen, einem Lagerhaus aus dem späten 19. Jahrhundert. Gegenüber, in einem hübschen Sandsteinhaus, das 1594 für einen General der Artillerie von Henri IV gebaut wurde, ist die **Bibliothèque de l'Arsenal** untergebracht, u. a. mit einer Sammlung reich illuminierter Handschriften und dem Archiv der Bastille, das auch den Totenschein des »Mannes mit der eisernen Maske« enthält. Wenn Sie die Wohnräume sehen wollen, müssen Sie bei der Caisse Nationale des Monuments Historiques (Tel. 01 44 61 20 00) nachfragen, die Gruppenführungen organisiert. (Sonntag geschlossen.)

L'homme aux semelles devant, Skulptur gegenüber der Bibliotèque de l'Arsenal.

❼ Vom **Port de Plaisance de l'Arsenal** aus gelangen Sie über eine Fußgängerbrücke auf die andere Seite, Richtung Boulevard de la Bastille (außerhalb des Kartenausschnitts). Das grasbestandene Ufer an dem gepflasterten *quai* ist ein idealer Platz für ein Picknick. Dieser Teil des Canal St Martin, der im 19. Jahrhundert für die Manufakturen von Faubourg St Antoine angelegt wurde, ist heute ein lebens- und farbenfroher Bootshafen.

Boot auf dem Canal St Martin.

❽ Wo von 1370 bis 1789 die berüchtigte Gefängnisfestung stand, rauscht heute hektischer Verkehr um die **Place de la Bastille.** Das Gefängnis, das für diejenigen reserviert war, die beim König in Ungnade gefallen waren, fiel am 14. Juli 1789 beim berühmten Sturm auf die Bastille den Revolutionären in die Hände – ein Ereignis, das seitdem jedes Jahr gefeiert wird. Das einzige sichtbare Überbleibsel ist ein Grundriss des Bauwerks im Straßenpflaster nahe der **Colonne de Juillet.** Die Bronzesäule trägt zur Erinnerung an die Toten der Julirevolution von 1830 einen vergoldeten Genius der Freiheit. In der Krypta im Sockel der Säule liegen Hunderten von Opfern beider Aufstände begraben.

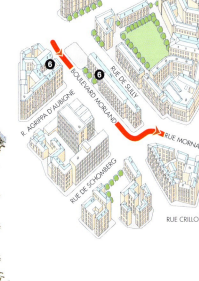

Die Colonne de Juillet auf der Place de la Bastille.

Village St Paul und Bastille

Die Opéra Bastille.

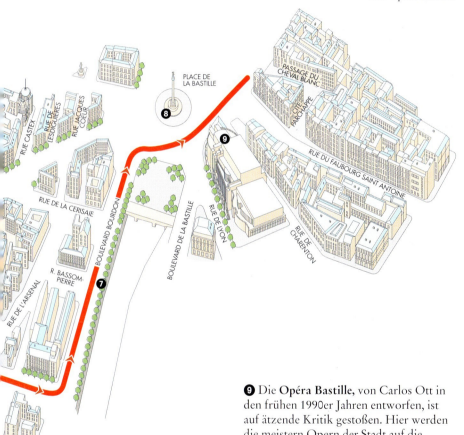

Port de Plaisance/ Canal St Martin.

❾ Die **Opéra Bastille,** von Carlos Ott in den frühen 1990er Jahren entworfen, ist auf ätzende Kritik gestoßen. Hier werden die meistern Opern der Stadt auf die Bühne gebracht. Mit der Oper kam die Verwandlung der Bastille von einem heruntergekommenen zu einem der attraktivsten Viertel von Paris. Die Taverne aus dem 17. Jahrhundert gleich nebenan hat sich zu der riesigen **Brasserie Les Grandes Marches** gemausert, die sich bei Touristen und Operngängern großer Beliebtheit erfreut (Tel. 01 43 42 49 32).

Sturm auf die Galerien: Village St Paul und die Bastille

❿ Von der Place de la Bastille führt der Weg in die **Passage du Cheval Blanc,** eine von mehreren gepflasterten schmalen Gassen, die von der Rue Faubourg St Antoine abzweigen. Hier sind in einer Reihe von Innenhöfen, die nach den Monaten des Jahres benannt sind, die Werkstätten einiger der noch verbliebenen Kunsttischler und Handwerker. Die dazugehörigen Geschäfte sind in der geschäftigen **Rue Faubourg St Antoine,** ein Hinweis auf die traditionelle Verbindung dieser Straße mit dem Handwerk. Gönnen Sie sich eine Stärkung in einer der schicken Bars bzw. Restaurants, die mit dem Zuzug der Besserverdienenden hierher kamen, beispielsweise im **La Fabrique** in Nr. 14. Wenn Sie die Tour verlängern wollen, bleiben Sie auf der Rue du Faubourg St Antoine bis zur **Rue d'Aligre** (außerhalb des Kartenausschnitts), die bis hinauf zur Place d'Aligre voller Marktstände ist. Außer Obst und Gemüse verkaufen die Händler Waren aus Nordafrika, Gewürze, Fleisch, Käse, diversen Krimskrams und Bekleidung. Ein ähnliches Angebot finden Sie im **Beauveau St Antoine,** einer überdachten Markthalle aus dem Jahr 1843. (Nachmittags geschlossen.)

⓫ Die beiden Gesichter dieses Viertels werden in der **Rue de Lappe** besonders deutlich, die sich schicke Boutiquen, traditionsreiche Restaurants und Ateliers in trauter Eintracht teilen. Die Straße ist nach Girard de Lappe benannt, dessen Garten aus dem 17. Jahrhundert sie in zwei Teile zerschnitt, und wurde eine Hochburg der Auvergner. Das wunderbar altmodische Restaurant **La Galoche d'Aurillac,** in dem selbstredend Holzschuhe die Decke zieren, stammt aus dieser Zeit und Region (Nr. 41; Tel. 01 47 00 77 15);

und **Chez Teil** in Nr. 6 verkauft Käse, Paté und Salami – dekorativ im Fenster an Haken aufgehängt – und andere Produkte aus der Auvergne. In dieser Straße begann der Siegeszug der *bal musette* (Tanzsäle). Einst waren es 15, heute ist nur noch **Le Balajo** in Nr. 9 übrig, einst Stammlokal von Edith Piaf, inzwischen eine Disco.

⓬ Machen Sie von der Rue Daval einen Abstecher in den fotogenen **Cour Damoye,** der in vielen Filmen als

Kachelschmuck am Boulevard Beaumarchais Nr. 28.

Schauplatz diente. Anschließend geht es weiter zum **Boulevard Richard Lenoir** von Haussmann, der über den Canal St Martin führt. Donnerstags und sonntags (dann ist mehr los) findet hier vormittags ein einfacher Straßenmarkt statt, der einen Eindruck davon vermittelt, wie das Leben hier früher war.

⓭ Am **Boulevard Beaumarchais Nr. 2-20** erinnert kein Schild an das großartige Anwesen des Bühnenautors und Librettisten Baron de Beaumarchais (18. Jahrhundert), das früher hier lag. Aber Sie können ihn am Ende dieses Weges an der Ecke Rue des Tournelles/Rue St Antoine als Standbild mit dem Spazierstock unter dem Arm bewundern. Vom Boulevard Beaumarchais geht es durch enge Gassen zur Rue de la Bastille. Die traditionsreiche **Brasserie Bofinger** in Nr. 5 (Tel. 01 42 72 87 82) ist hier seit 1864 ansässig.

Baron de Beaumarchais.

Village St Paul und Bastille

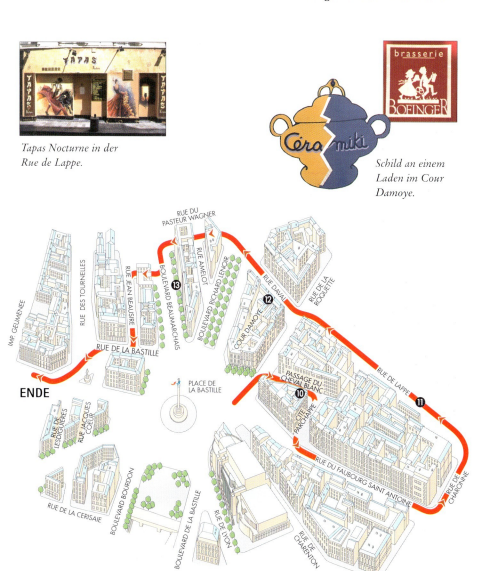

Tapas Nocturne in der Rue de Lappe.

Schild an einem Laden im Cour Damoye.

Reif für die Inseln: Ile St Louis und Ile de la Cité

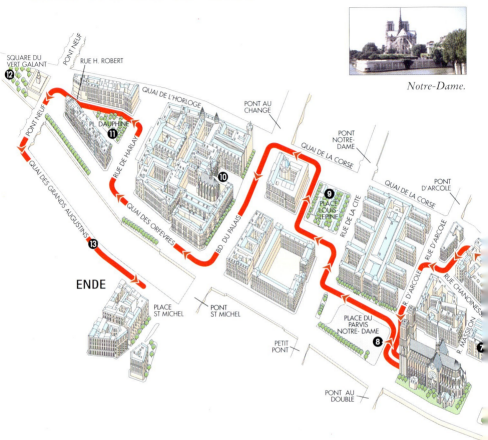

Notre-Dame.

▶ **BEGINN**
Boulevard Henri IV. Nächste Metro-Station: Sully Morland.

■ **ENDE**
Quai des Grands Augustins. Nächste Metro-Station: St Michel.

Der Ursprung von Paris liegt auf der Ile de la Cité. Als die Römer 53 v. Chr. hierher kamen, fanden sie eine primitive keltische Siedlung mit dem Namen Lutetia vor. Im 3. Jahrhundert wurde die Insel dann erneut besiedelt, und zwar von dem Stamm der Parisii, der der Stadt ihren Namen gab. Im Mittelalter lag hier das Zentrum der Macht – politisch, kirchlich und rechtlich –, die ihren Ausdruck fand in Notre Dame, der gotischen *tour de force,* und dem architektonischen Juwel Ste Chapelle. Obwohl Baron Haussmanns radikale Veränderungen auch die Insel nicht verschonten und das Gewirr der mittelalterlichen Gassen beseitigten, zeigt Ihnen dieser Weg ein paar bezaubernde, versteckte Ecken wie die Rue Chanoinesse, die Place Dauphine und den Square du Vert-Galant. Der Weg beginnt auf der Ile St Louis, der weniger besuchten, pittoreskeren der beiden

Ausflugsschiff auf der Seine.

Inseln, die der größeren Nachbarin hinterherzulaufen scheint. Sie ist nach Louis IX benannt und mit ihren schönen *hôtels particuliers*, den Stadtpalais aus dem 17. Jahrhundert, architektonisch ein Genuss. Die Ile St Louis ist geradezu für Spaziergänge gemacht, ob auf der kleinen, lebendigen Hauptstraße oder auf den ruhigen, hervorragend erhaltenen *quais*. Machen Sie diesen Weg am besten an einem Sonntag (April–November), wenn die *quais* an beiden Ufern für den Straßenverkehr gesperrt sind.

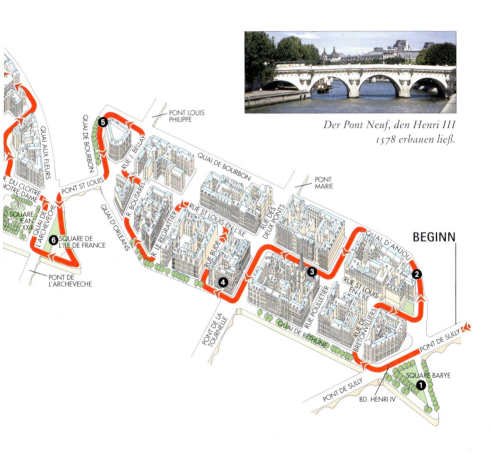

Der Pont Neuf, den Henri III 1578 erbauen ließ.

Reif für die Inseln: Ile St Louis und Ile de la Cité

❶ Beim Betreten der Insel können Sie die Hauptstraße Rue St Louis-en-l'Ile, die die Insel in gerader Linie der Länge nach durchzieht, ganz überblicken. Der üppig bepflanzte **Square Barry** ist das letzte Überbleibsel der prächtigen terrassierten Gärten des Hôtel de Bretonvilliers, das früher auf dem gepflasterten **Quai de Béthune** stand. Mit der Dekoration von Poussin und durch seine unvergleichliche Lage stellte es die ebenfalls prachtvollen Nachbarbauten in den Schatten. Heute ist nur noch die »Hintertür« übrig, ein eigenartiger Pavillon, der in einer unglaublichen Position über einem Bogen am Ende der Rue Bretonvilliers thront.

Buntglasfenster in St Louis-en-l'Ile.

❷ Auf dem **Quai d'Anjou** wird sofort deutlich, warum es immer Künstler hierher gezogen hat. Wie Perlen auf einer Schnur reihen sich hier die *hôtels* – viele noch im Originalzustand. Sie wurden von Louis Le Vau, dem Architekten Louis XIV, entworfen. Das **Hôtel Lambert** in Nr. 1 wurde 1640 gebaut, die kostbare Innenausstattung stammt von Charles Le Brun, dem Mann, der für den Spiegelsaal in Versailles verantwortlich zeichnet. Auch das prächtige **Hôtel de Lausan** (Nr. 17) von 1657 entstand in Zusammenarbeit von Le Vau und Le Brun. Im 19. Jahrhundert hatten hier sowohl Baudelaire als auch Gautier Wohnungen gemietet, und es wurde zum Hauptquartier des Clubs der Opiumesser (Führungen nach Absprache). An den Mauern der Palais künden Gedenktafeln vom Status ihrer ehemaligen Bewohner.

Die Galerie Jacqueline Lemoine in der Rue St Louis-en-l'Ile.

❸ Die Barockkirche **St Louis-en-l'Ile,** die zwischen 1664 und 1726 nach Plänen von Le Vau entstanden ist, bietet trotz Plünderung während der Revolution einen schwelgenden Innenraum in Marmor und Gold, eine romantische Kulisse für Hochzeiten und Konzerte bei Kerzenlicht. Die **Rue St Louis-en-l'Ile** ist das lebendige Rückgrat der Insel, wo die Anwohner ihre Einkäufe machen und Touristen in die schicken Galerien, Buchhandlungen und Delikatessengeschäfte einfallen. Dazwischen liegen elegante Restaurants und Hotels, darunter das **Hôtel du Jeau de Paume** in Nr. 54, der innovative Umbau einer Tennishalle aus dem 17. Jahrhundert. In Nr. 31 finden Sie das originale **Berthillon,** wo das beste Speiseeis der Stadt hergestellt wird. Inzwischen gibt es auf der Insel zwei Filialen – die Schlangen davor sind oft mehrere Häuserblocks lang.

Ile St Louis und Ile de la Cité

Blick auf den Pont de la Tournelle und Ste Geneviève.

❹ Auf der Rue des Deux Ponts kommen Sie zum Pont de la Tournelle. Auf der anderen Seite des Flusses sehen Sie die Statue von Ste Geneviève, der Schutzheiligen von Paris. Am **Quai d'Orléans** zu Ihrer Rechten liegen viele schöne *hôtels*, z.B. Nr. 6, im 19. Jahrhundert ein Treffpunkt der in Paris lebenden Polen. Es beherbergt heute das **Musée Adam Mickiewicz,** das nach dem aus Polen emigrierten romantischen Dichter (1798–1855) benannt ist und eine beeindruckende Bibliothek besitzt. (Samstagnachmittag und montags geschlossen.)

Der Quai d'Orléans.

Reif für die Inseln: Ile St Louis und Ile de la Cité

❺ Zum Mittagessen empfiehlt sich die elsässische **Brasserie de l'Ile St Louis** (Tel. 01 43 54 02 59) an der Ecke Rue Jean du Bellay/Rue St Louis-en-l'Ile. Bummeln Sie anschließend über den **Quai de Bourbon** mit den hübschen *hôtels* (Nr. 41–53) von François Le Vau (dem Bruder von Louis) zur Inselspitze. Von hier hat man einen großartigen Blick auf die Ile de la Cité und den nächsten Abschnitt unseres Wegs.

❻ Über die Fußgängerbrücke **Pont St Louis,** eine beliebte Bühne für Straßenkünstler, kommen Sie auf die Ile de la Cité. Steuern Sie als Nächstes den gepflegten Square de l'Ile de France an, wo Sie in das **Mémorial des Martyrs et de la Déportation** hinabsteigen können. Das kahle, beklemmende Denkmal zu Ehren der 200 000 französischen Deportierten und Opfer des Holocaust wurde aus Beton und schwarzen Gittern errichtet. Auf dem **Square Jean XXIII** steht, umgeben von Bäumen und Blumenbeeten, ein neogotischer Brunnen aus dem 19. Jahrhundert. Von hier aus haben Sie einen großartigen Blick auf die Strebebogen von Notre-Dame.

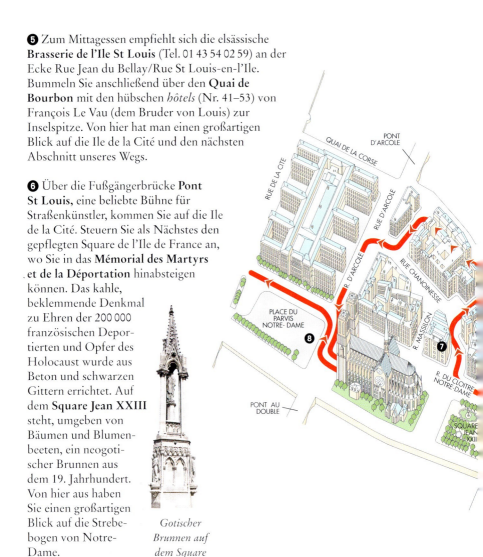

Gotischer Brunnen auf dem Square Jean XXIII.

❼ Bevor Sie die Rue du Cloître Notre-Dame verlassen, sollten Sie das winzige **Musée de Notre-Dame de Paris** in Nr. 10 besuchen. Es ist bis zum Rand gefüllt mit faszinierenden Exponaten, darunter zwei dekorativen Bienen aus Bronze, die zu Napoléons Amtseinsetzung entstanden, außerdem Dokumente, Stiche, Gemälde und Fotografien. (Mittwoch, Samstag, Sonntag 14.30–18 Uhr geöffnet.) Auf dem **Quai aux Fleurs Nr. 9** markiert eine Tafel das Haus, in dem Abélard und Héloïse gelebt haben.

Ile St Louis und Ile de la Cité

*Rechts: Notre-Dame.
Unten: Rosette
der Westfassade.*

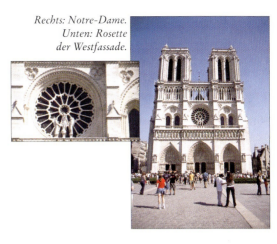

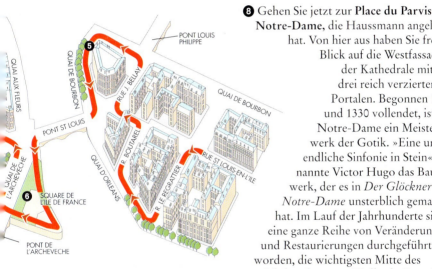

❽ Gehen Sie jetzt zur **Place du Parvis Notre-Dame,** die Haussmann angelegt hat. Von hier aus haben Sie freien Blick auf die Westfassade der Kathedrale mit den drei reich verzierten Portalen. Begonnen 1163 und 1330 vollendet, ist Notre-Dame ein Meisterwerk der Gotik. »Eine unendliche Sinfonie in Stein« nannte Victor Hugo das Bauwerk, der es in *Der Glöckner von Notre-Dame* unsterblich gemacht hat. Im Lauf der Jahrhunderte sind eine ganze Reihe von Veränderungen und Restaurierungen durchgeführt worden, die wichtigsten Mitte des 19. Jahrhunderts von Viollet-le-Duc. Sie können auf einen der Türme hinaufsteigen, das Panorama genießen und die Fabelwesen aus der Nähe betrachten.
In der **Crypte Archéologique** in der Südwest-Ecke des Vorplatzes sind archäologische Fundstücke zu besichtigen, darunter galloromanische Festungswälle aus dem 3. Jahrhundert und Funde aus dem Mittelalter (täglich geöffnet). Lohnend ist auch das **Hôtel Dieu,** Haussmanns Krankenhaus, auf der Nordseite, zu dem ein kleines Hotel, das Hospitel, gehört.

Haussmanns Hôtel Dieu.

Reif für die Inseln: Ile St Louis und Ile de la Cité

❾ Von Montag bis Samstag ist die **Place Louis-Lépine** Schauplatz des größten Blumenmarktes der Stadt, am Sonntag eines Vogelmarktes. An der Südseite des Platzes hat ein seltenes Stück überlebt: einer der Jugendstil-Metro-Eingänge von Hector Guimard.

Eingangstor zum Palais de Justice am Boulevard du Palais.

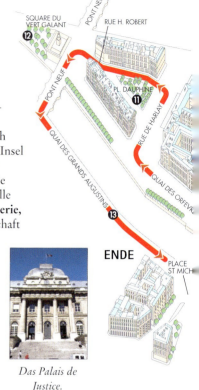

❿ Durch ein Tor am Boulevard du Palais kommen Sie in einen Gebäudekomplex, der sich über die ganze Breite der Insel erstreckt und zu dem die Conciergerie, das Palais de Justice und die Ste Chapelle gehören. In der **Conciergerie**, während der Terrorherrschaft das Vorzimmer zur Guillotine, wo Marie Antoinette in einer dunklen Zelle gefangen gehalten wurde, finden heute Konzerte, Theateraufführungen und Weinproben statt – meist in der Salle des Gens d'Armes. Erhalten blieben auch die Küche aus dem 13. Jahrhundert und die Folterkammer in der Tour Bonbec aus dem 14. Jahrhundert.

Das **Palais de Justice** ist Sitz des französischen Gerichtshofs. Nach zwei Bränden im 19. Jahrhundert in weiten Teilen wieder aufgebaut, sind die interessantesten Räume heute die Salle de Pas-Perdus aus dem 13. Jahrhundert und die blau-goldene Première Chambre, in der das Urteil über Marie Antoinette gesprochen worden ist. (Samstags und sonntags geschlossen.)

Die zweistöckige **Ste Chapelle** ließ Louis IX in den 1240er Jahren erbauen, um darin Reliquien aufzubewahren. In die Oberkapelle fällt durch riesige Buntglasfenster strahlendes Licht.

Das Palais de Justice.

Standbild von Henri IV auf der Place du Pont Neuf.

⓫ Der Quai des Orfèvres führt zur **Place Dauphine**, einem friedlichen dreieckigen Platz, den Henri IV anlegen ließ und nach seinem Sohn (dem zukünftigen Louis XIII) benannte. Sie wird von hübschen Häusern aus dem 17. Jahrhundert gesäumt, in denen heute viele Restaurants ansässig sind, wie beispielsweise das **Bistro Paul** (Nr. 15; Tel. 01 43 54 21 48) und **Le Caveau du Palais** (Nr. 19; Tel. 01 43 26 04 28) mit einer fantasievollen Speisekarte und gemütlicher Atmosphäre.

Ile St Louis und Ile de la Cité

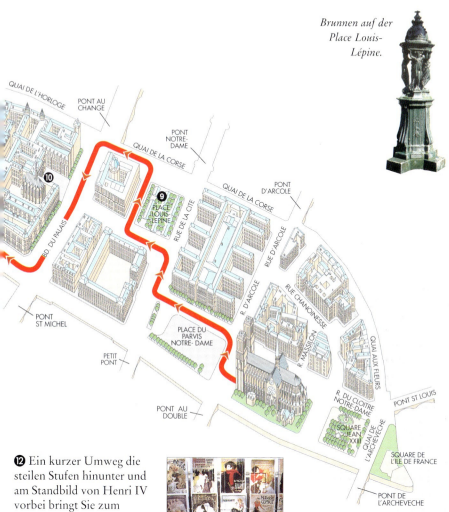

Brunnen auf der Place Louis-Lépine.

12 Ein kurzer Umweg die steilen Stufen hinunter und am Standbild von Henri IV vorbei bringt Sie zum **Square Vert Galant.** Hier legen die Vedettes du Point Neuf (die Ausflugsschiffe) zu ihren mehrere Stunden langen Fahrten ab (alle 30 Minuten). So ein Bootstrip wäre ein perfektes Ende für diesen Weg. Alternativ können Sie den gleichen Weg zurückgehen und die Insel über den **Pont Neuf** verlassen – trotz des Namens gehört die Brücke, 1607 fertig gestellt, zu den ältesten von Paris.

Bei einem bouquiniste auf dem Quai des Grands Augustins.

13 Bummeln Sie zum Abschluss den **Quai des Grands Augustins** entlang und stöbern Sie bei den *bouquinistes,* den berühmten Straßenbuchhändlern, die Secondhand-Bücher, Drucke, Karten und Poster anbieten. Das im Art-déco-Stil ausgestattete **Bistro des Augustins** (Nr. 39; Tel. 01 43 54 41 65) hält eine köstliche Auswahl an Weinen und Käse für Sie bereit.